世界一 やさしい 株入門

(株)ストックボイス副社長ＣＣＯ
岩本秀雄

一攫千金も夢じゃない

株をはじめるならいまが大チャンス！日本株は26年ぶりで大復活！

預金通帳を見るたびに「もうヒトケタ多ければなあ……」なんてボヤいているあなた！　いくら神様に祈っても、お金は決して増えませんよね。そんなときはため息ばかりついてないで、株式投資で一歩踏み出してみませんか？

「アベノミクス」と呼ばれる経済政策がはじまってはや5年。日本の株式市場全体の動きを示す「日経平均株価」は、アベノミクス開始前の2012年11月には9500円前後でしたが、18年1月には2万4000円に乗せ、およそ2・5倍に上昇しました。

もしもアベノミクス前に100万円分の株を買っていたら、たった5年間で250万円に資産が増えたことになります。

いまの株価は26年ぶりの
高さなんでしょ

これが、銀行預金だったらどうでしょうか。日本の金利（利息）はほぼゼロに近い水準。大手銀行の1年物の定期預金金利はそろって0・01％ですから、100万円預けても年間で100円しか増えません。5年経っても〝スズメの涙〟ほどの利息にしかならなかったのです。

そうは言っても、株式投資ってけっこうハードルが高いですよね。「株を買うお金がない」とか「失敗すると一文無しになるかも」とか、「いまさらはじめても遅い」とか。でもそれらの多くは勘違いです。

株式投資は基本的な知識さえ身につければ、誰でも手軽にはじめられ、大きな損失を回避できるやり方もあります。いまの経済情勢を考えれば、「遅い」なんてこともありません。

何事も新しい一歩を踏み出すときにはためらいがつきもの。でも、「案ずるより産むが易し」という言葉もあります。あなたもこの本を読んで投資家デビューしてみませんか？　株式市場という広大なフロンティアに、意外なゴールドラッシュが待っているかもしれませんよ。

アベノミクスで
日本株は大復活
しているんだね！

そう日経平均が
2万4000円台に乗せたのは、
1991年11月が最後だからね

目次

第3章 10倍も夢じゃない！ 有望株・ヤバい株の見分け方

第4章 株の羅針盤 チャートを読んでみよう

第7章 もっと儲かる！プラス技・究極テクニック

※投資は、あくまでご自身の判断で行ってください。本書掲載の情報による損害については、いかなる場合も著者および発行元はその責任を負いません。

※本書掲載の株主優待情報は、2018年2月以前の各社HPなどを元に作成しており、変更や取りやめになっている場合もあります。あらかじめご了承ください。

第1章

これだけでバッチリ！
株ってなんだろう

01 さぁ、はじめよう 株ってなあに？

「株」と「株式会社」とは？

みなさんの身の回りのものにちょっと注目してみてください。自動車は**トヨタ**、テレビは**ソニー**、スマホは**ソフトバンク**。洋服は**ファーストリテイリング（ユニクロ）**、靴は**ABCマート**、眼鏡は**ジンズ**。住んでいるマンションは**長谷工**で、通勤には**JR**、といったところでしょうか。実はこれらはすべて「株式会社」です。会社が事業を行うには、たくさんのお金が必要です。そこで企業はお金を出してくれる人（出資者）を募って会社をつくる（これが**株式会社**）とともに、出資してくれた人に「たしかにお金を受け取りました」という証明書を発行します。この証明書が**「株式（株）」**で、株式を持っている人を**「株主」**といいます。

株式投資のルール

株主は会社にお金を出しているので、**会社が利益を上げれば、利益の一部を受け取ることができます。**逆に、会社の業績が悪く、倒産してしまった場合は、利益を受け取れないばかりか、**出資した分のお金も戻ってこないことがあります。**これが「株式投資」の基本です。

株は自由に買ったり売ったりできます。ただその売買は、それぞれの会社ではできません。売り買いは**証券取引所**などの**株式市場**に限られ、ここではその取引所に上場している会社の株の売買のみが可能です。そしてこの売買を取り次ぐのが**証券会社**で、私たちは証券会社で株を売り買いします。

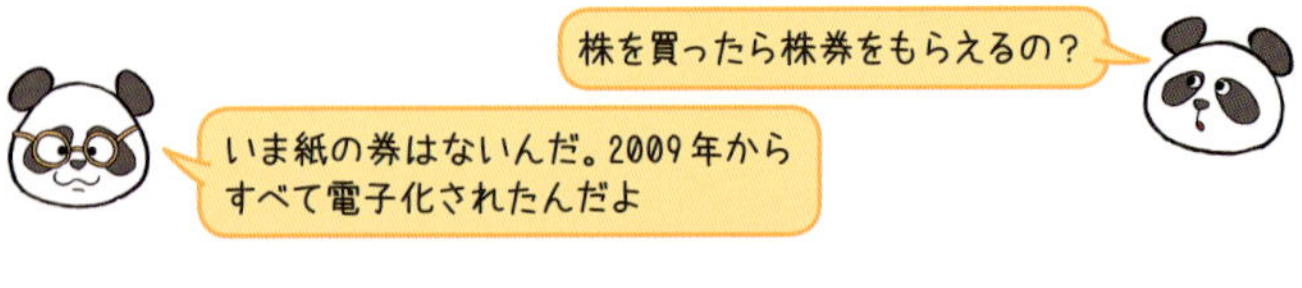
株を買ったら株券をもらえるの？
いま紙の券はないんだ。2009年からすべて電子化されたんだよ

株と株式会社とは？

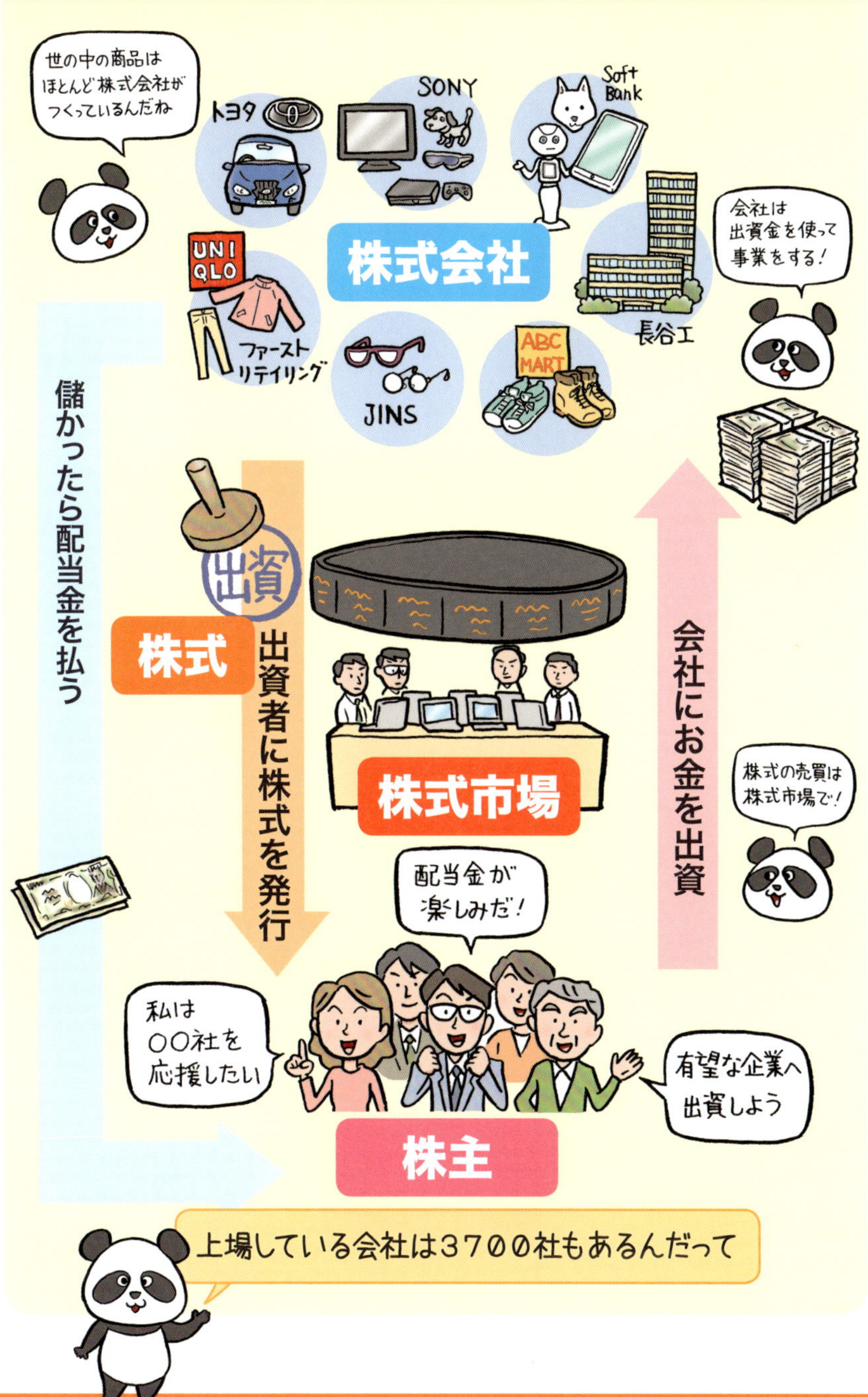
世の中の商品はほとんど株式会社がつくっているんだね
トヨタ
SONY
Soft Bank
UNI QLO
ファーストリテイリング
JINS
ABC MART
長谷工
株式会社
会社は出資金を使って事業をする！
儲かったら配当金を払う
出資
株式
出資者に株式を発行
株式市場
会社にお金を出資
株式の売買は株式市場で！
配当金が楽しみだ！
私は○○社を応援したい
有望な企業へ出資しよう
株主
上場している会社は３７００社もあるんだって

02 まずは知りたい！

「貯金」と「投資」のちがいとは？

○貯金とは？

「投資」も「貯金」も自分のお金を増やすための手段ですが、性格は大きくちがいます。

貯金は「貯《た》める」の漢字が示す通り、銀行などでお金を貯めることですが、いまの日本の銀行は、利息がゼロに近い水準で、ほとんどお金は増えません。ただし銀行にお金を預ける場合、**元本は保証**されます（預金1000万円まで）。

○投資とは？

一方、**株式投資**は、会社に投資（出資）をする代わりに会社が稼いだ利益の一部**（配当金）**をもらえます。加えて株は買ったときよりも高い値段で売れば、利益を得ることができますし**（値上がり益）**、株主になったらプレゼント**（株主優待）**をもらうこともできます。出資した株主はいわば会社の「オーナー」ですから、株主総会に出席して、会社の経営に自分の意見を反映させられるという特典も！

ただし株式投資は、その会社に「出資」するのであって、「お金を貸す」わけではありませんから、会社側に返す義務はなく、**元本は保証されません。**

投資は「投《な》げる」の字のごとく、自分のお金を「えいやっ！」と会社に向かって投げるイメージでしょうか。投げた釣り針（？）に大きな魚がかかったときの醍醐味はなんとも言えませんね。でも、悪天候でなにも釣れなかったり、魚にエサだけ食い逃げされてしまう可能性もある、それが投資です。

いままでは貯金しかしてなかった……

貯金じゃお金は守れるけど、
増やせないからね～

貯金と投資のちがいとは？

貯金

- 銀行に預けて増やしてもらうもの
- 現在、1年定期の預金金利は0.01％（大手銀行の場合）
- 元本保証（預金1000万円まで）

100万円
預けても
100円しか
増えない……

株式投資

- 会社に出資する代わりに利益の一部（配当金）をもらえる
- 株が値上がりしたときに売れば、「値上がり益」で儲けられる
- 元本は保証されない

大きく儲かる
こともある！

日本はいま――

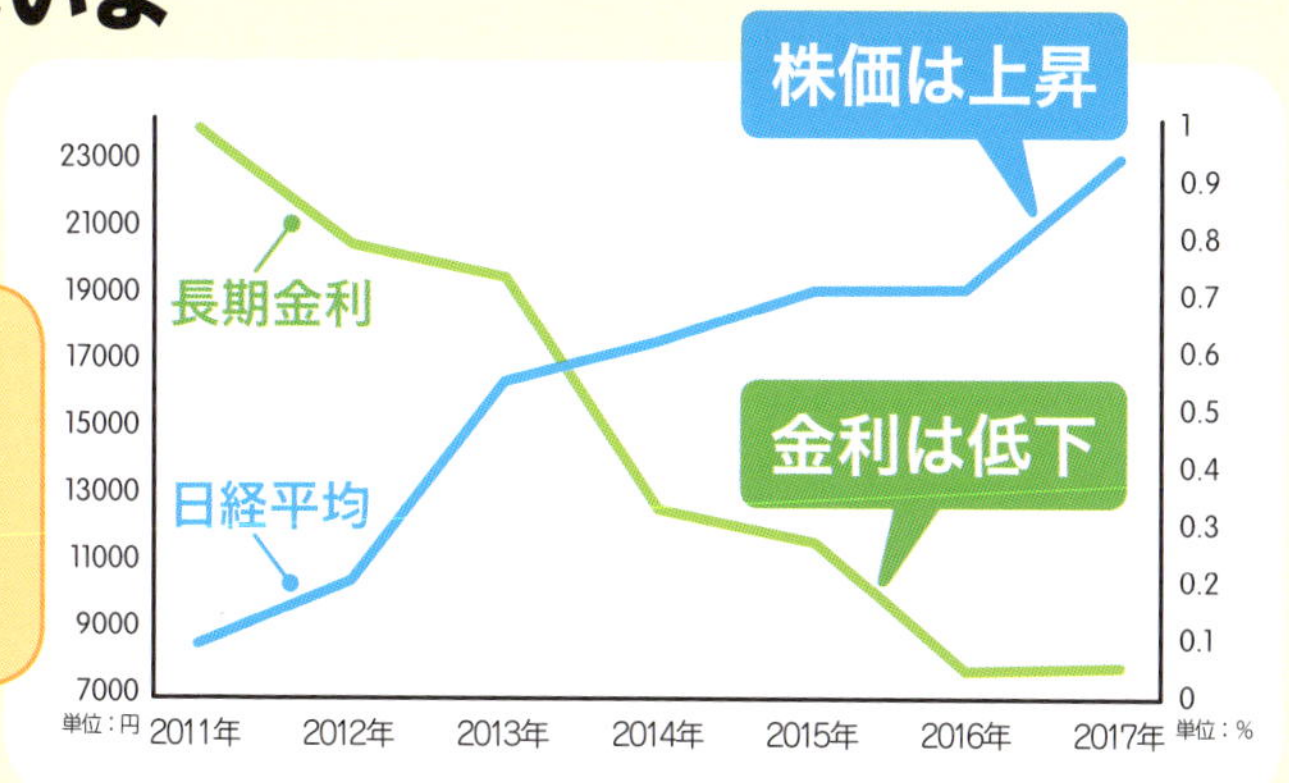
株価は上昇
金利は低下
長期金利
日経平均
23000
21000
19000
17000
15000
13000
11000
9000
7000
単位：円
2011年
2012年
2013年
2014年
2015年
2016年
2017年
1
0.9
0.8
0.7
0.6
0.5
0.4
0.3
0.2
0.1
0
単位：％

日本はいま
「アベノミクス」で
株価は2.5倍、
でも金利は
下がりっぱなし！

03

「配当金」で儲けよう

“お小遣い”のような「配当金」で儲ける

○配当金は利子のようなもの

先ほどは会社の株を持って「株主」になれば、会社が稼いだ利益の一部である**「配当金」**がもらえると書きましたが、**配当金は銀行預金につく利子と同じようなもの**で、金額は会社の業績に応じて決まります。

企業は想定よりも利益が多く出たら、配当を増やす**（増配）**ことがあります。逆に、利益が少なければ配当を減らし**（減配）**たり、なくす**（無配）**こともあります。

ただ、最近の傾向としては、日本の企業業績が全体として上向いていることもあり、**増配を行う企業が増えています。**

○配当金でも儲けられる

たとえば、東証1部上場の**ビーロット**という不動産投資会社は、2017年12月、期末配当を前年実績の年間17円から一挙に39円に増やすと発表しました。この発表によってビーロット株には買いが殺到して、翌日の株価が大きく跳ね上がりました。

一気に増配するのではなく、じわじわと長期的に配当を増やし続ける企業も多くあります。たとえば化粧品、トイレタリーメーカーの**花王**は2017年時点でなんと**28年間も連続で増配**を実施しています。

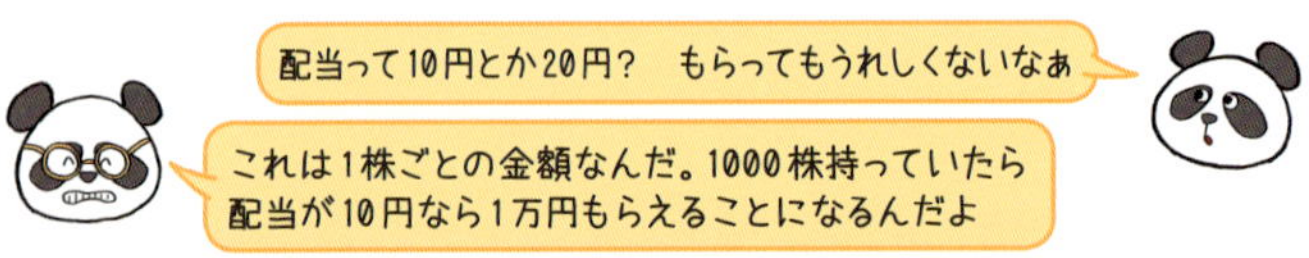
配当って10円とか20円？　もらってもうれしくないなぁ
これは1株ごとの金額なんだ。1000株持っていたら配当が10円なら1万円もらえることになるんだよ

株の儲け方は３つある

株の３つの儲け方

配当金　値上がり益　株主優待

配当金とは?

- 配当金は儲けの分け前
- 配当金は年１～２回もらえる（4回の会社もある）
- もらえるのは決算期末・中間期末が多い
- 会社の儲け（利益）が少ないと、配当金は減らされることがある（減配）
- 会社の儲け（利益）が多いと、配当金は増えることがある（増配）
- 赤字の会社は配当がないこともある（無配）

増配は会社の勲章！　利益が増え続けないと
増配は続かないから花王の28年増配はすごい！

04

「値上がり益」で儲けよう

値上がりで「ドーン」と一攫千金を狙おう！

●株なら一攫千金も夢じゃない

「一攫千金！」。誰もが夢見る四字熟語（？）だと思います。でも株式投資なら、銘柄の探し方と売り買いのタイミング次第で、これは実際に可能です。**持っている株が大きく値上がりしたところで売れば、当然大きな利益を得ることができる**わけです。これが**値上がり益**。最近の具体例を見てみましょう。

●身近な企業の株がドーンと上がっている！

2017年の東京市場で最も値上がりした株は、健康食品や化粧品のネット通販を行う**北の達人コーポレーション**でした。17年末の株価は485円と1年前の41・9円に比べ、なんと10倍以上になりました。さらには18年に入っても株価上昇が続いています。

このほかにも、**「いきなりステーキ」**を展開する**ペッパーフードサービス**は、17年の1年間で株価が8・5倍、結果にコミットする**RIZAP**は5・3倍、大阪名物の串カツを専門にした居酒屋チェーンを展開する**串カツ田中**も4・3倍と、わたしたちの身近な企業の株が大きく跳ね上がりました。

ほかにも1年間に株価が2倍以上になった銘柄は、東証1・2部、マザーズ市場、ジャスダック市場の合計でなんと200以上ありました。

どうですか？　「一攫千金」もあながち夢物語ではないかもしれませんね。

やるならやっぱり大儲けしたいなあ

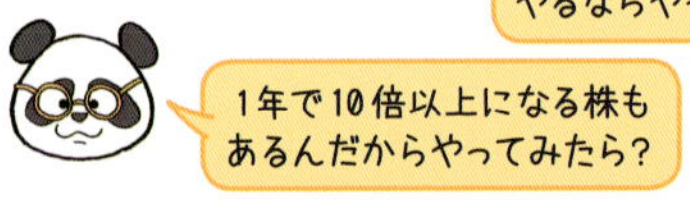
1年で10倍以上になる株も
あるんだからやってみたら？

1年で10倍以上になる株もある！

株の3つの儲け方

配当金　値上がり益　株主優待

値上がり益とは？

- 値上がり益は持っている株が値上がりしたところで売却したとき発生する利益
- 買値と売値の差が利益になる
- 500円で買った株が700円で売れたら、値上がり益は200円
- 株式市場では短期間で株価が数倍に値上がりし値上がり益を大幅にとれるケースもよくある！

●北の達人コーポレーション

もっと上がった！
10倍以上！
485円
41.9円
1000
500
(01/23)
1021.7
(04/03)
168.0
(06/02)
156.0
228.3
109.2
(04/12)
131.2
(07/04)
167.2
(09/06)
01/04
02/27
04/24
06/19
08/14
10/10
12/04
'18
01/29
一攫千金のチャンス！

※株式分割を考慮した修正株価

株価2倍超はなんと200銘柄以上ある！
(2017年東京証券取引所)

05

「株主優待」で儲けよう

さらなるオマケ「株主優待」も魅力！

株主優待とは？

みなさんもおそらく聞いたことがある**「株主優待」**。これも株式投資のメリットの1つです。株主優待とは、事業内容を知ってもらうために、企業が株主に自社の製品やサービスなどをプレゼントする、出資者への感謝の贈り物です。

たとえば**日清食品**は保有株100株以上の株主に**カップヌードルの詰め合わせ**を、**日本ハム**は1000株以上の株主に**ソーセージやハムの詰め合わせ**を贈ります。**イオン**は100株以上で買い物に使える**割引ギフトカード**、**ANA**は100株以上で**搭乗割引券**や**宿泊券**を贈っています。

長く多く持てば持つほどおトク！

株主優待は持っている株数が多く、期間が長くなるほどグレードアップするのが一般的です。たとえば**東京ディズニーランド**を運営する**オリエンタルランド**の株主優待は1日周遊券ですが、保有株100株以上なら年間に1枚、800株以上なら年4枚もらえます。また**ビックカメラ**は、100株以上で年間3000円分のお買い物券がもらえますが、株を2年以上継続保有すれば、さらに2000円分追加されます。

優待の内容は会社によって、**クオカード**や**食事券**、**スポーツジム**や**映画館の利用券**、**米**、**野菜**などさまざまで、これらをうまく組み合わせて、優待だけで暮らす優雅な**「優待生活者」**もいます。

株主優待ってどの会社の株を買ってももらえるの？

いや、自主的なサービスで、
一部の企業が独自にやっているんだよ

ユニークな株主優待

自社の製品がもらえる会社（食品）

自社の製品がもらえる会社（サービス）

イベントや見学会に招待してくれる会社

06

株と貯金はどちらがトクか？

株は貯金よりも断然お得!?

銀行の利息は0・01%！

いまの日本では貯金と株式投資、どちらがお得かといえば、**答えはズバリ「株式投資」です。**

少し歴史を振り返ると、日本は1990年代初めにバブルが崩壊し、その後は「失われた20年」と呼ばれる長い不況に入りました。そうした中で、90年代後半から銀行にお金を預けても、金利がほとんどつかない「ゼロ金利」と呼ばれる時代が続いています。

現在でも、メガバンクの定期預金1年物の金利は先述した通り0・01%。**100万円の預金を預けても、1年間で100円しか利息がつかない（！）**のです。

株は平均1・4%の配当金がつく！

一方、株式投資はちがいます。東京証券取引所1部に上場している全株式を見ると、**株主がもらえる配当金は株価に対して平均で1・4%**です。つまり仮に100万円分の株を持っていたら、年間1万4000円の配当金をもらえることになるわけです。

また、銀行の「金利」は国全体の好景気・不景気に大きく左右されますが、株式は個別の企業が発行しているため、**「業績がいい会社」に投資していれば、世の流れとはあまり関係なく儲けることができる**のです。

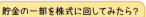

日本では貯金をしてもお金はぜんぜん増えない！

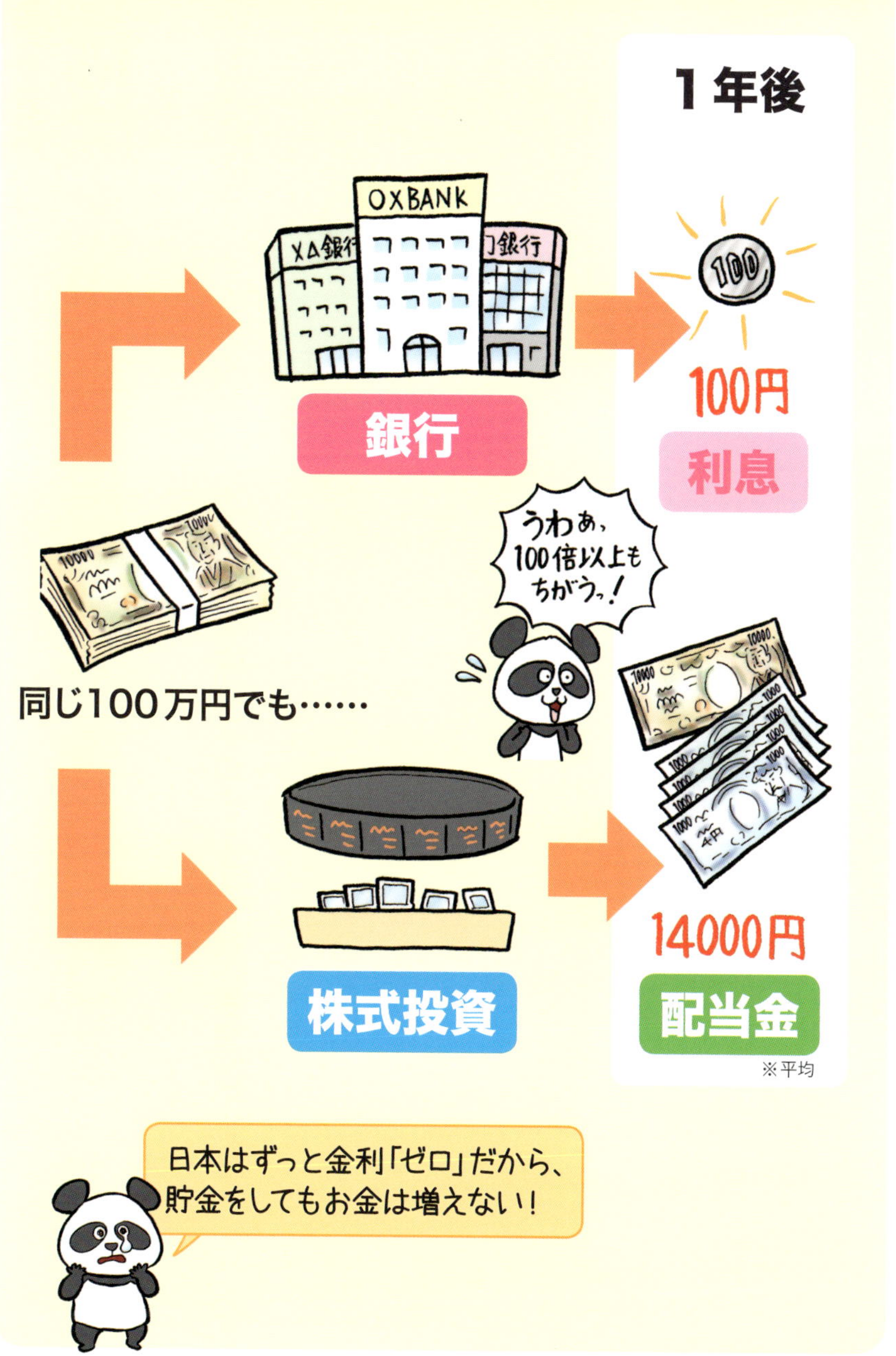

07

株のしくみ①

株価は上がったり、下がったりする！

株はなぜ上げ下げするのか？

レアなコンサートチケットや、レアなキャラクターグッズのオークションと同じように、株も**「ほしい、買いたい！」と思う人が多ければ値上がり**し、**「要らない、売りたい」と思う人ばかりだと値下がり**します。

つまり株は、「今後上がりそうだからいま買っておこう」とか、「もうすぐ下がるだろうから早めに売っておこう」という、**人間の先行き予想によって、売られたり、買われたりすることで、株価が値上がり・値下がりする**のです。だから株で儲けようと思ったら、**株価の先読み**がなにより大事になるわけです。

どんなとき上げ下げするのか？

先読みのためには、会社の情報をきめ細かくチェックすることが大切です。画期的な新商品や新サービスが出れば、その会社の株が「上がる」と思う人が増えるので買う人が増えて株価は上がり、社会的な信用を落とすような不祥事があれば「下がる」と思う人が増えることから、株価も下がることが予想できます。

株価は会社そのもののみならず、国の政治・経済・為替の動きのほか、天候、テロ、イベントなど、さまざまな要因が関係します。

だから株価は、世の中のあらゆる現象を反映し、国や企業の健康状態を計る**「体温計」**なんて言われています。

株価はみんなが会社の先行きにどんな見通しを持つかで決まるんだね

先行きが明るければ株は上がるし、逆なら下がるんだ

株価は上がったり下がったりする

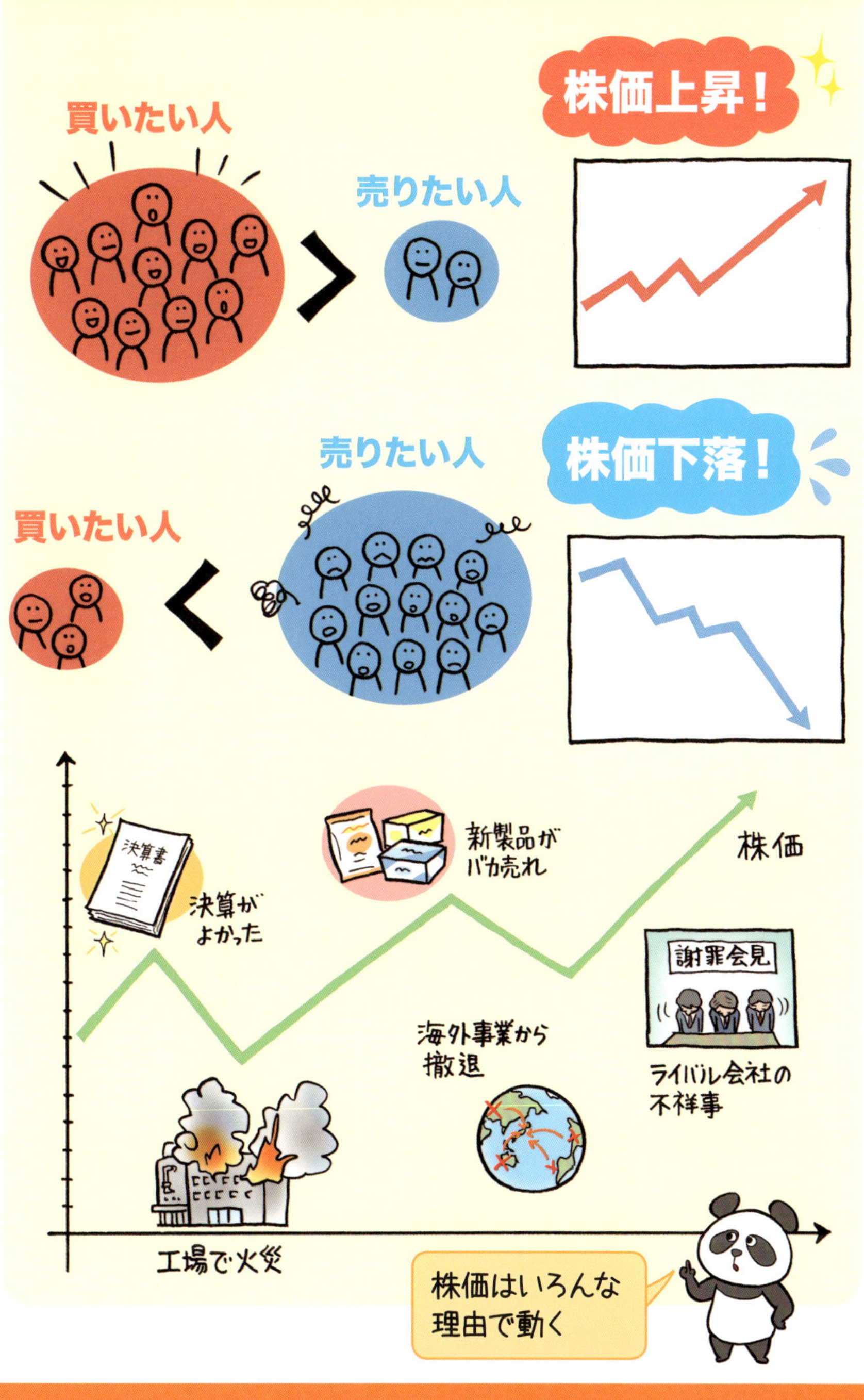

08 株のしくみ②

「取りっぱぐれ」に注意しよう

◎「配当」や「優待」はもらえる日が決まっている！

配当や優待を受けるには、それぞれの会社が定めた日に株主としての正式な権利を持っていることが必要です。この日を**「権利確定日」**または**「基準日」**といいます。いくら多くの株を持っていても、**確定日前に売ったりすれば、配当や優待は受けられない**ので注意しましょう。このとき覚えておきたいのは**「4営業日目決済」**という株式市場独特のルールです。

◎権利確定日の3営業日以上前に株を買うこと！

実は株を買ってもその日に株主にはなれません。この日はあくまでも注文が成立（約定《やくじょう》）しただけで、株が実際に手に入るのは、約定日も入れて4営業日目（＝注文日を入れなければ3営業日後）というルールがあります。つまり**正式に株主になるのは4営業日目**ということです。

約定から4営業日目ということは、**配当や優待がほしければ、それぞれの企業が定めた権利確定日の3営業日前までに株を買う必要がある**わけです。

なぜ、3日もかかるのか。これは昔、株券が紙だった頃、取引所で売買した後、株券の名義を書き換えて、株券の現物を受け渡して……という作業に時間がかかっていた頃の名残のようです。

パソコンやインターネットで取引が便利になったいま、証券業界ではこの「4営業日ルール」を短縮する検討が行われています。

「4営業日ルール」には、土日、祝日は含まれるの？

いや、含まれないから気をつけて！

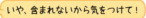

4営業日ルールとは？

火曜日が権利確定日の場合

水	木	金	土	日	月	火
営業日	営業日	営業日	×	×	営業日	営業日

木：**この日までに買う（権利つき最終売買日）**

金：権利落ち日

火：権利確定日

土曜日が権利確定日の場合

日	月	火	水	木	金	土
×	営業日	営業日	営業日	営業日	営業日	×

火：**この日までに買う（権利つき最終売買日）**

水：権利落ち日

金：権利確定日

土：平日に繰り上げられる

権利つき最終売買日までに買わないと、株主優待も配当金ももらえない！

09

株主にはこんな特典もある

株主はオーナーとして株主総会に参加できる

○株主総会とは？

株主の権利は配当や優待だけではありません。会社のオーナーの1人として、会社が重要なことを決める**「株主総会」**に出席できます。これは〝お金儲け〟には直接つながりませんが、実は、一番大事なことでもあるんです。

というのは株主総会では、会社の経営方針や役員の人選に加えて、経営上の重要事項が決められるからです。**株主への配当金の額も、この株主総会で正式に決まります。**

○ユニークで楽しい株主総会もある！

株主総会の決議は株主が保有している株式の数に応じて決まります。そのため、株主は多くの株を持っていれば、それだけその企業への発言力が強まります。株を買い占め、会社にさまざまな要求をする株主を**「物言う株主」**といいますが、会社側もこうした株主に配慮して増配をするなど、さまざまな株主対策を行っています。

最近ではユニークな株主総会も増えており、キャラクターグッズを取り扱う**サンリオ**は、総会に合わせて遊園地の**「サンリオピューロランド」を株主限定で無料開放。**桑田佳祐さんなどが所属する大手芸能事務所の**アミューズ**は毎年両国国技館で開催する株主総会の終了後、**所属アーティストのライブコンサート**を行っています。

みなさんも株主になって、一度総会に出席してみてはいかがですか？

「株主総会」ってなんかかっこいい！

会社にとって大事なことを決める「最高意思決定機関」で、株主なら誰でも入れるんだ

株主総会に出てみよう

3月決算の会社の株主総会は
6月下旬に集中

2017年は6月29日に
なんと約700社の株主総会がひらかれた

第2章

さぁ、株を買ってみよう

01

ネット証券に口座をひらこう!

株はどこで売っているのか?

株は「証券会社」で買う

「ソフトバンクの株を買いたい!」と、街の携帯ショップに行っても、もちろん株は売っていません。株の売り買いは、必ず**証券会社**を通じて行います。ちなみに証券会社にはさまざまな種類があります。たとえば全国に店舗を展開して、お客さんと営業員がじかに接する**対面証券**や、特定の地域に根を張る**地場証券**など。ただ、これから株をはじめる初心者にはインターネット取引に特化した**「ネット証券」がいちばん手軽でおススメ**です。

　ネット証券の選び方で大切なポイントは次の3点。ホームページなどをしっかりチェックして、慎重に選びましょう。

手数料・情報量・使いやすさをチェック

株は売買が1回成立するたびに、証券会社に**手数料**を支払います。ですから、①まずは手数料がなるべく安いところを選ぶとともに、②その証券会社が株選びの参考になるようなお値打ち**情報**を提供してくれるかをチェックします。

　初心者の方には、**③画面の使いやすさ**も重要でしょう。これから長く使うものですから、取引画面との相性は大切です。これは各社のデモ画面を試してみるとわかりますので、取引証券会社を決める前に一度はさわってみるようにしてください。

SBI証券、カブドットコム証券、マネックス証券、楽天証券……ネット証券っていっぱいあるね

口座開設は無料のところがほとんどだから、まずはいくつかつくってみるといいかもね

株は証券会社で売買する

証券会社の選び方

✓ 手数料が安い！

売買回数が増えるほど手数料は増えるので、なるべく安いところを選ぼう。なかには「1日の売買○回まで手数料は一定金額」というシステムがあったり、期間限定で手数料を下げるサービスを行っている証券会社もあります。

✓ 情報量が多い！

個別株に関する情報だけでなくその証券会社が発行する株の専門家のレポート、セミナーの充実度合いを比べてみましょう。

✓ 使いやすい！

各社ともデモ画面などを公開しているので、パソコンやアプリ画面でデザインやボタンの操作性が自分に合っているかを実際に試してみましょう。

02

口座は無料でひらける

超カンタン！ ネットで口座を開こう

○口座はすぐに開設できる！

株式投資の「はじめの一歩」は**証券口座を開く**こと。この口座にあなたが買った株が保管され、購入代金も口座から引き落とされます。株で儲かったお金もこの口座に振り込まれます。

ちなみに口座開設は、昔なら必要書類のやり取りで1～2週間程度の時間がかかりましたが、いまでは**即日～2、3日**で開設できるようになっています。

○口座開設料・管理料ともに無料がほとんど

口座開設をするには、まず**ホームページの「口座開設」画面**にいき、氏名、生年月日、住所、電話番号、職業など必要事項を記入します。証券口座にお金を出し入れする際に使う、自分の銀行口座も開設します。

次に、証券会社に**本人確認書類（運転免許証などのコピー）、個人番号確認書類（マイナンバーカードや通知カードのコピー）を提出します。**このときも郵送ではなく、パソコンで書類をアップロードすることが可能で、これなら最短で当日に、口座開設ができ、翌日から取引開始が可能です。

口座開設料、管理料はネット証券ならほぼすべての証券会社が無料。さらには、開設後の一定期間は取引手数料をキャッシュバックするサービスを行っている会社もあります。

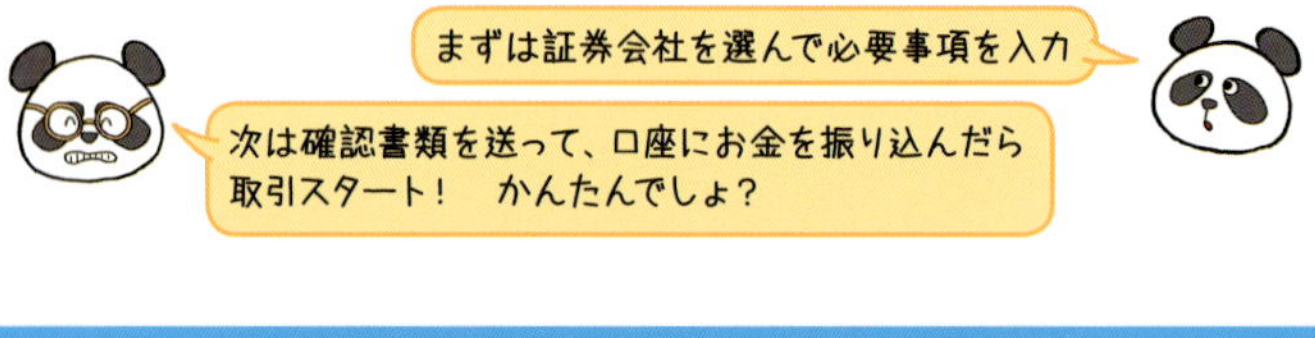
まずは証券会社を選んで必要事項を入力
次は確認書類を送って、口座にお金を振り込んだら取引スタート！　かんたんでしょ？

口座開設の手順　※松井証券の場合

どの証券会社も手順はだいたい同じだよ

1 証券会社の「口座開設」画面を開く

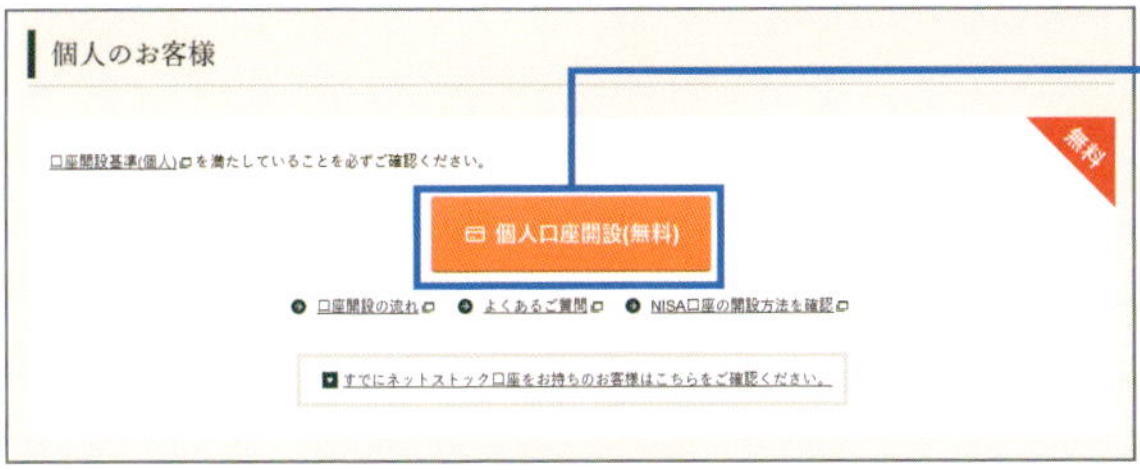

2 個人口座を開くならここをクリック

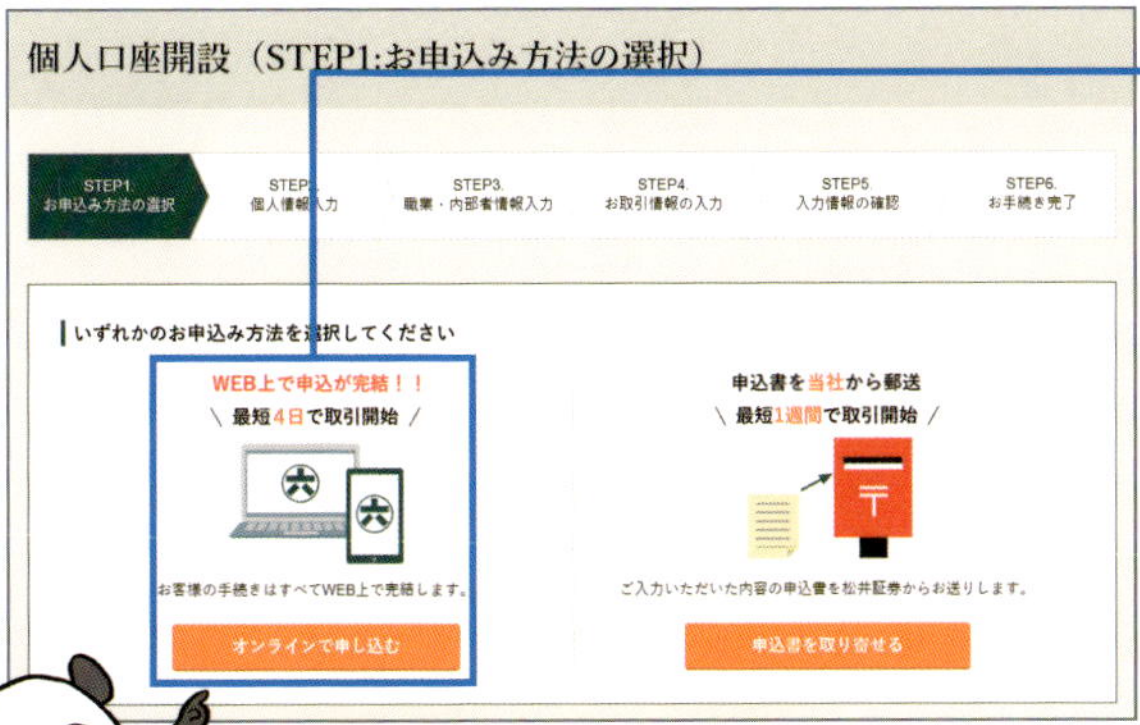

3 Web申し込み／郵送申し込みを選択

Webのほうが早いし
おススメ

4

必要事項を
入力する

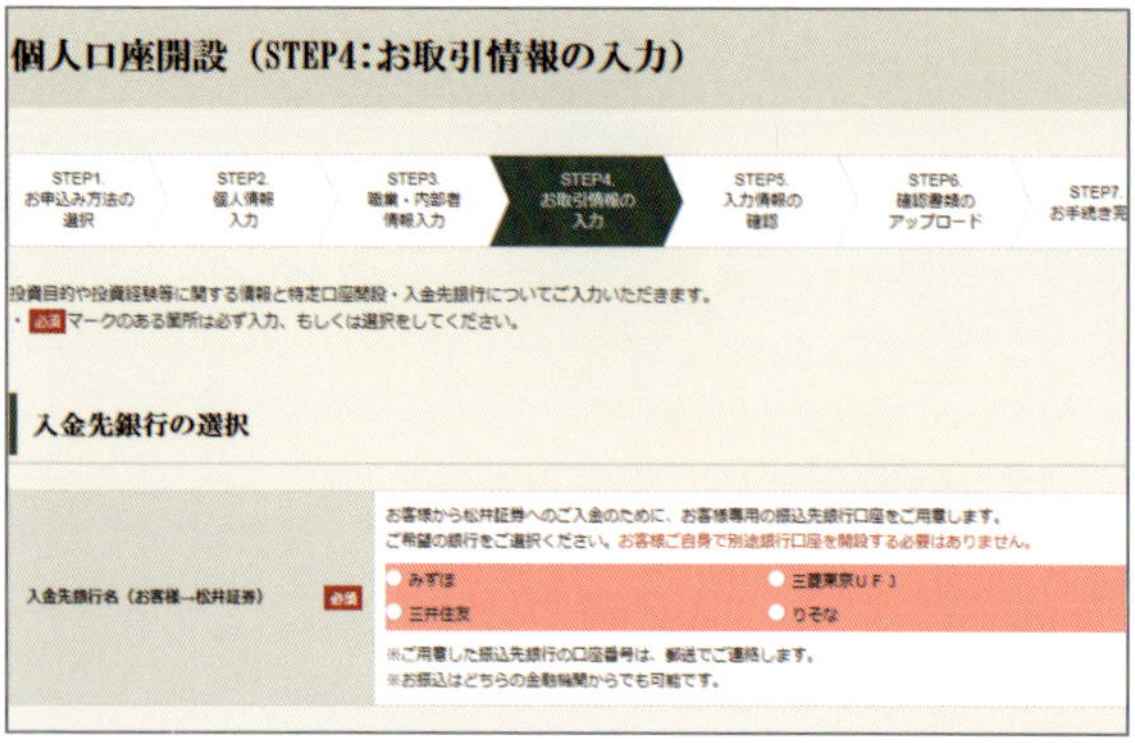

5

銀行口座を
指定する

口座開設の手順 ※松井証券の場合

6 入力情報の確認をする

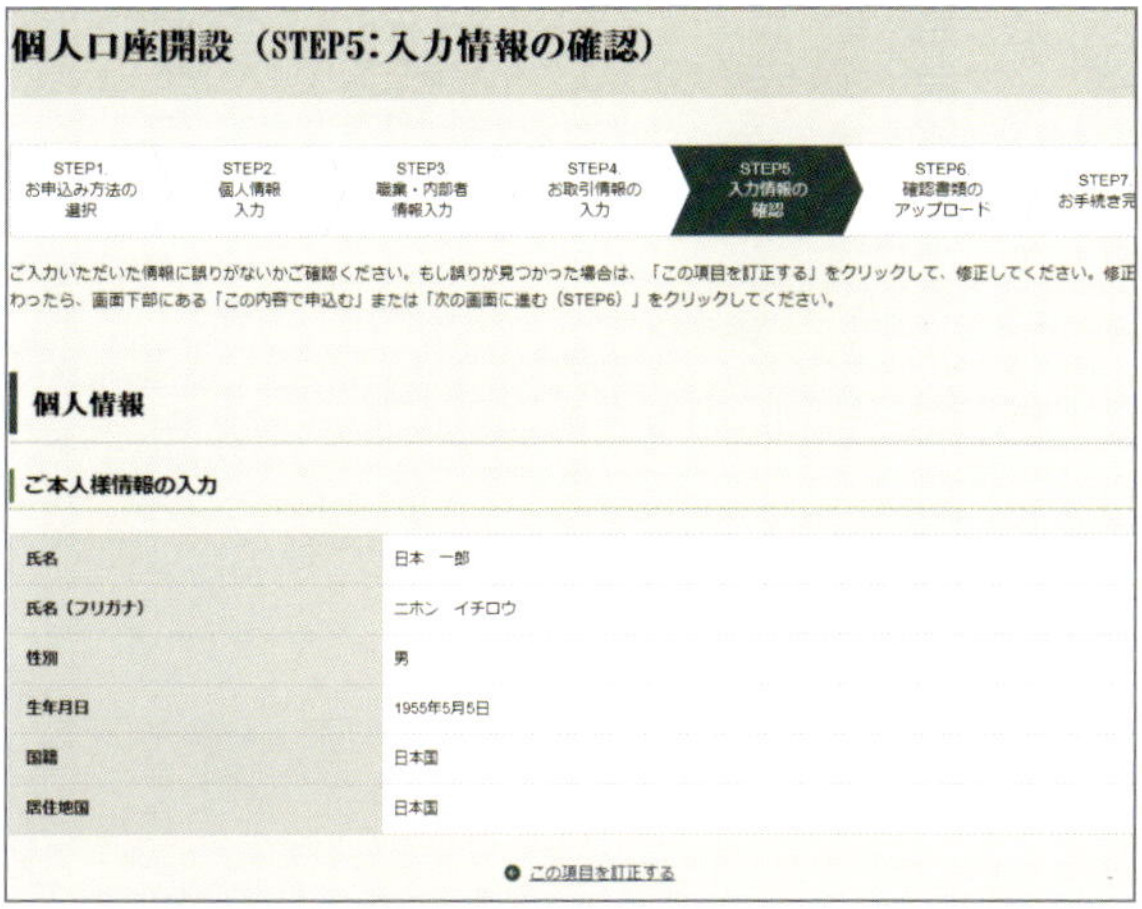

個人口座開設（STEP5：入力情報の確認）

STEP1. お申込み方法の選択 / STEP2. 個人情報入力 / STEP3. 職業・内部者情報入力 / STEP4. お取引情報の入力 / STEP5. 入力情報の確認 / STEP6. 確認書類のアップロード / STEP7. お手続き完

ご入力いただいた情報に誤りがないかご確認ください。もし誤りが見つかった場合は、「この項目を訂正する」をクリックして、修正してください。修正
わったら、画面下部にある「この内容で申込む」または「次の画面に進む（STEP6）」をクリックしてください。

個人情報

ご本人様情報の入力

氏名	日本　一郎
氏名（フリガナ）	ニホン　イチロウ
性別	男
生年月日	1955年5月5日
国籍	日本国
居住地国	日本国

この項目を訂正する

7 確認書類のアップロードをする

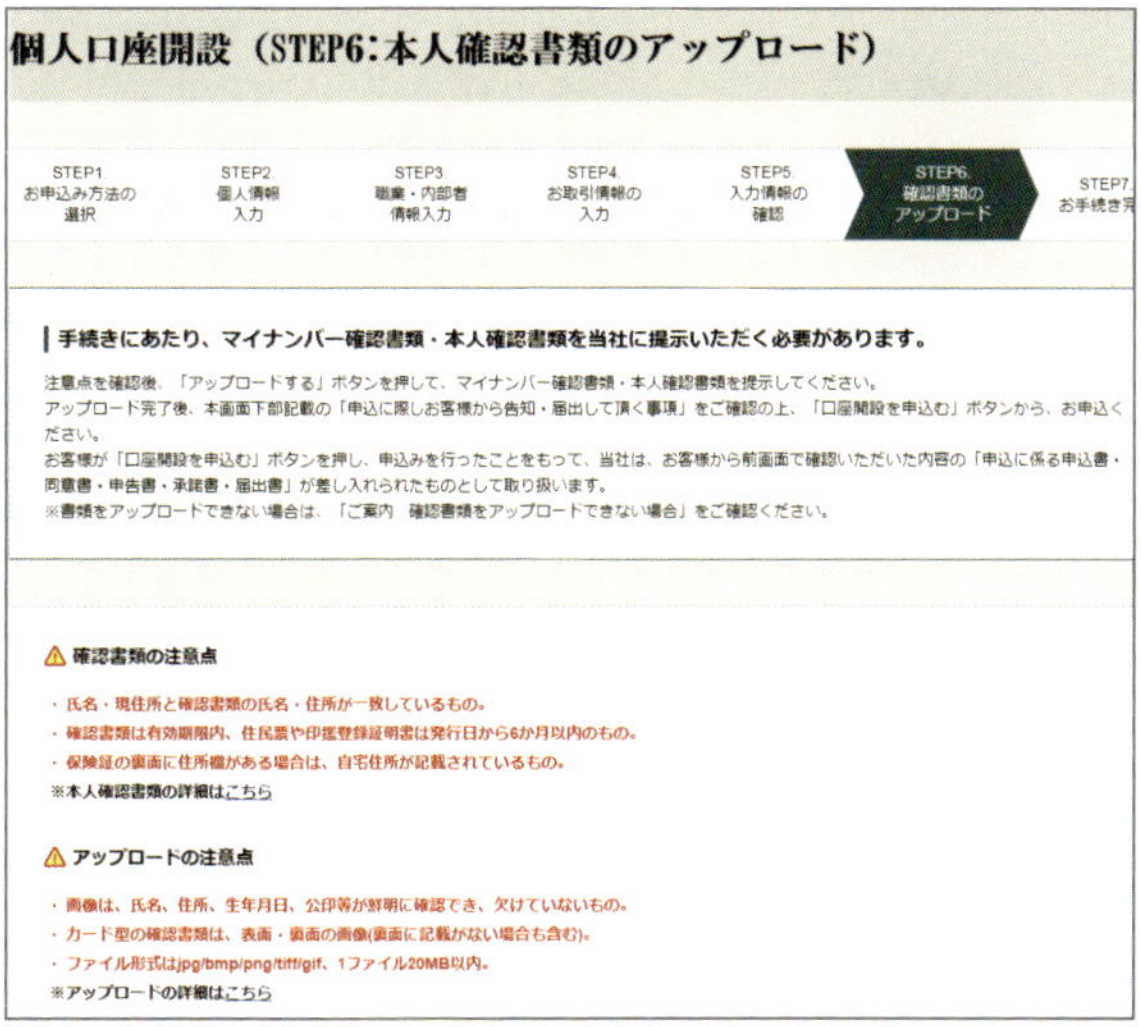

個人口座開設（STEP6：本人確認書類のアップロード）

STEP1. お申込み方法の選択 / STEP2. 個人情報入力 / STEP3. 職業・内部者情報入力 / STEP4. お取引情報の入力 / STEP5. 入力情報の確認 / STEP6. 確認書類のアップロード / STEP7. お手続き完

手続きにあたり、マイナンバー確認書類・本人確認書類を当社に提示いただく必要があります。

注意点を確認後、「アップロードする」ボタンを押して、マイナンバー確認書類・本人確認書類を提示してください。
アップロード完了後、本画面下部記載の「申込に際しお客様から告知・届出して頂く事項」をご確認の上、「口座開設を申込む」ボタンから、お申込ください。
お客様が「口座開設を申込む」ボタンを押し、申込みを行ったことをもって、当社は、お客様から前画面で確認いただいた内容の「申込に係る申込書・同意書・申告書・承諾書・届出書」が差し入れられたものとして取り扱います。
※書類をアップロードできない場合は、「ご案内　確認書類をアップロードできない場合」をご確認ください。

⚠ 確認書類の注意点

・氏名・現住所と確認書類の氏名・住所が一致しているもの。
・確認書類は有効期限内、住民票や印鑑登録証明書は発行日から6か月以内のもの。
・保険証の裏面に住所欄がある場合は、自宅住所が記載されているもの。
※本人確認書類の詳細はこちら

⚠ アップロードの注意点

・画像は、氏名、住所、生年月日、公印等が鮮明に確認でき、欠けていないもの。
・カード型の確認書類は、表面・裏面の画像(裏面に記載がない場合も含む)。
・ファイル形式はjpg/bmp/png/tiff/gif、1ファイル20MB以内。
※アップロードの詳細はこちら

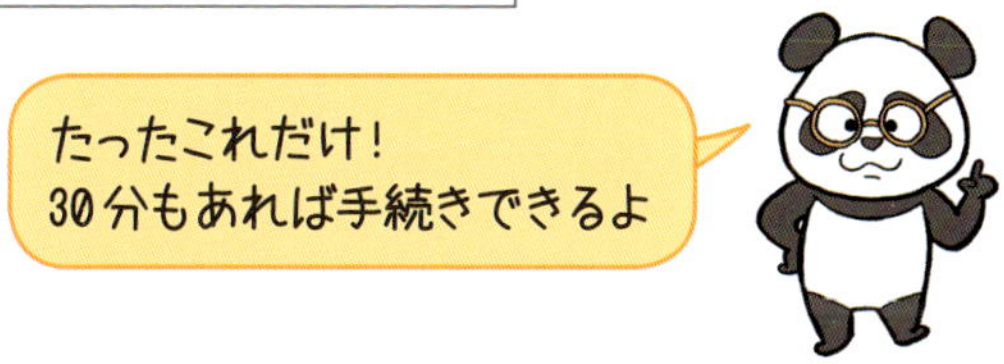
たったこれだけ！
30分もあれば手続きできるよ

03

1000円あれば株は買える

株はいくらあれば買えるのか？

株は1株では買えない!?

街なかで、チカチカ点滅する株価ボード。見たことがある人も多いでしょう。「みずほFG214円」とか「ソフトバンク9189円」とか。

ちなみにこれは1株あたりの値段です。ただ、**株は1株単位で買えるわけではありません。**

「株の売買単位は100株」が一般的で、いまはほとんどの上場会社が100株単位で売買されます。たとえばソフトバンクなら9189円×100株で91万8900円が最低限必要になるわけです。

ごく一部には1000株単位で売買が行われることもありますが、**これも2018年10月1日からは100株取引に全面移行します。**

1000円以下でも株は買える

ソフトバンク株に投資するには最低100万円近いお金が必要！　これではなかなか手を出しづらいですよね。

そこで多くの証券会社が扱っているのが、**単元株の10分の1で売買できる「ミニ株」や、1株から売買できる「単元未満株」。**これなら、みずほのミニ株が2140円、ソフトバンクも1株9189円で買うことができます。

もともと株価が低い銘柄のミニ株や単元未満株なら、1000円以下でも十分に買うことができるものもありますので、まずは〝お試し〟にどうですか？

株っておカネが少なくてもはじめられるんだね

「ミニ株」なら数千円で買えるんだ

ミニ株なら少額でも株が買える

株は基本的に100株単位

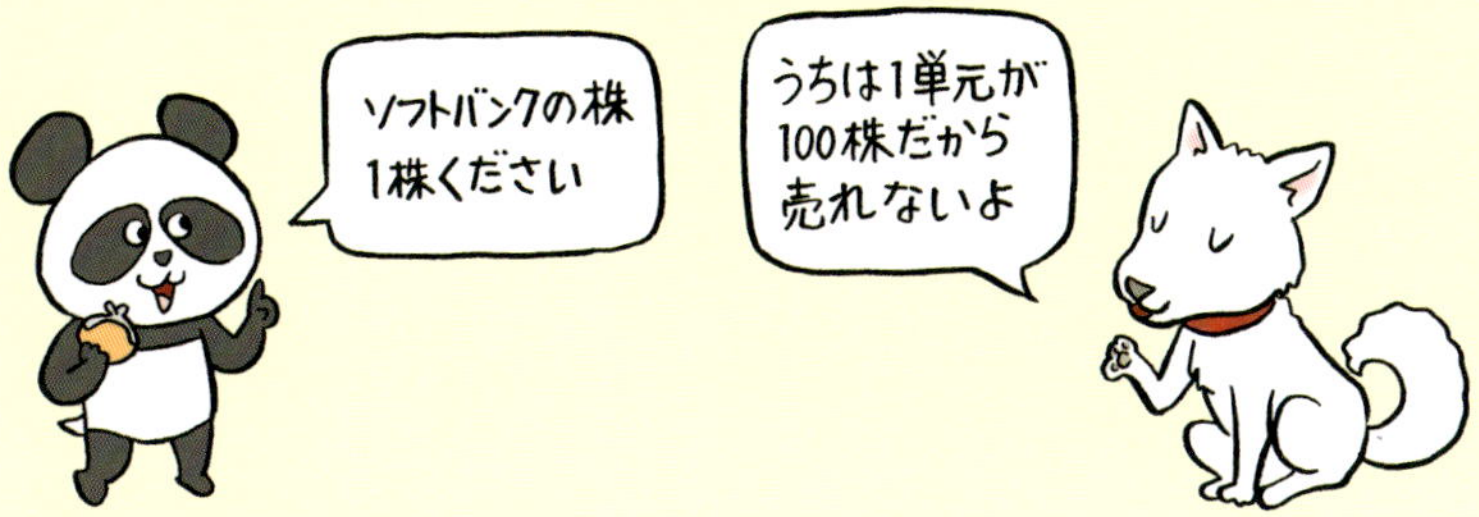
ソフトバンクの株
1株ください
うちは1単元が
100株だから
売れないよ

ソフトバンクの株価
9189円
×
1単元
100株
＝
91万8900円！

これじゃあ
手が出ない……

でも……
単元未満株なら

1株
9189円で買える！

ミニ株なら1000円以下で買える株もあるよ

04 株はいつ買えるのか？

24時間、いつでもどこでも株が買える！

買いたいときに株は買える

株はいつ、どこで買えるのでしょうか？　答えは**「24時間365日、世界中のどこからでも」**です。えっ？　と思うかもしれませんが、ホントの話です。

東京証券取引所の場合、取引時間は、平日（月曜日～金曜日。国民の祝日はお休み）の午前9時～11時30分、午後12時30分～15時の時間帯と決まっています。基本的にはみなさんもこの時間に合わせて、パソコンやスマホで自分の株を売り買いします。

ただ、平日の日中は仕事や家事に追われて、株取引どころじゃない！　という人が大半ですよね。

そこで**最近では、ほとんどの証券会社が、営業時間外でも24時間、土日・祝日も売買注文を受けつけています。**

時間外で受けつけた注文は、先着順で次の取引の開始と同時に処理されます。これならば、仕事が終わって帰宅した後や、休日にじっくりと考えて注文できそうですね。

私設取引所もある!?

また、**一部の証券会社は「PTS」という私設市場を設けています。**PTSでは、その証券会社を使っている投資家同士が、日中の東証のようにリアルタイムで株の売買を行うことができます。

夜間の取引所……？　なんとなくプロっぽくて面白そうですが、一般の投資家には、まあ、あまり関係ないかもしれません。日中取引だけでも十分でしょう。

土曜日でも株が買えるってことなんだね

そうだね。取引所は休みだけど、注文は出せるんだ。スマホでやってごらん。

株は24時間買える

●東京証券取引所（東証）の取引時間

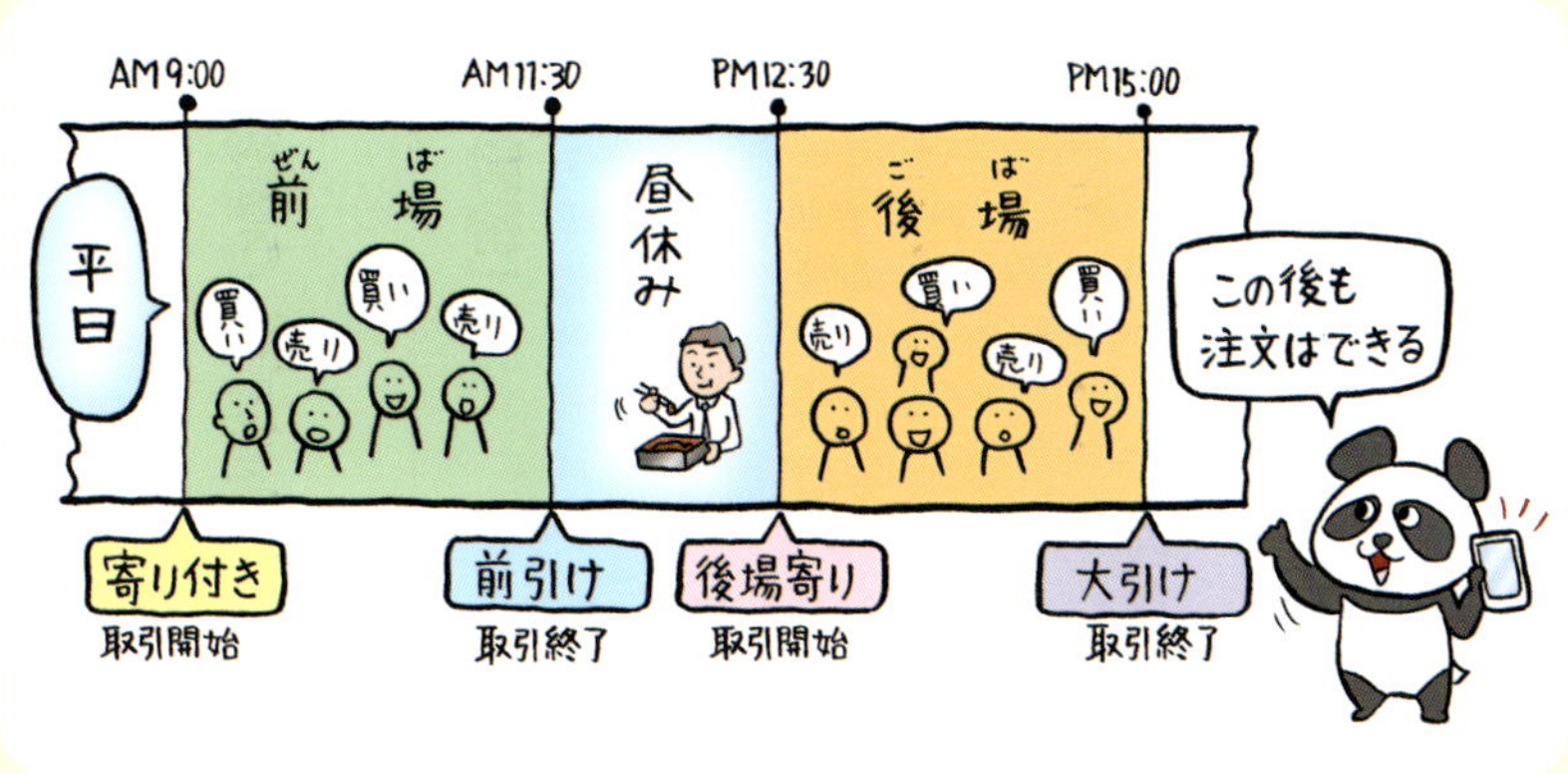

PTS（証券会社の私設市場）なら夜間も売り買いできる

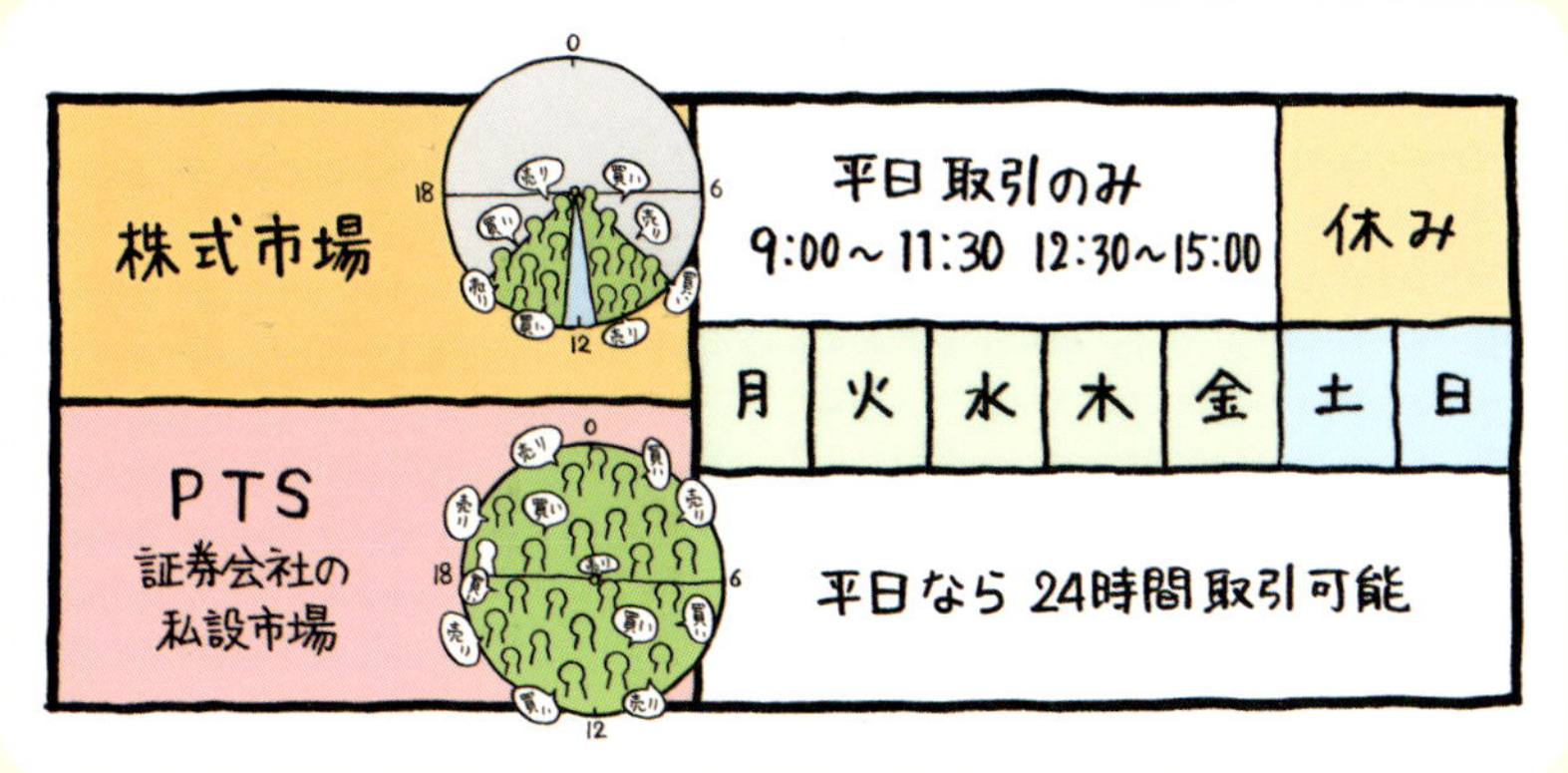

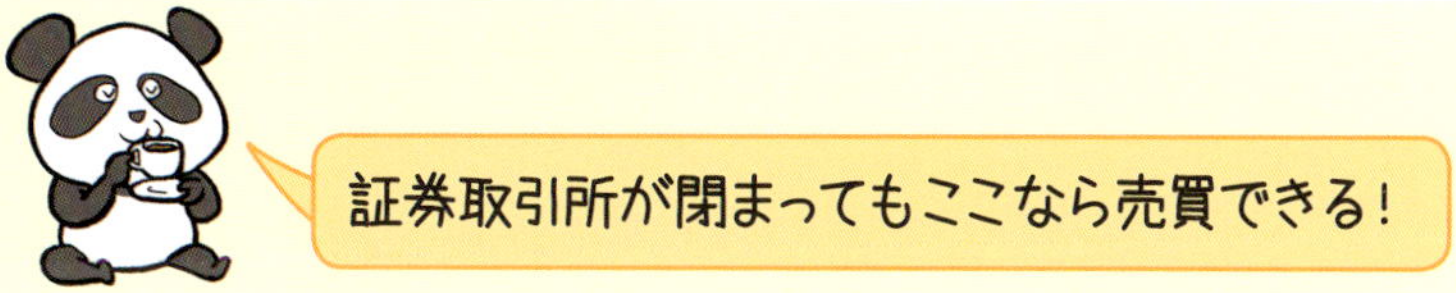

取引画面を見てみよう

さあ、株を買ってみよう

いよいよ注文！

さあ、いよいよ取引開始！　まずはパソコン、スマホの取引画面を見てみましょう。取引画面は証券会社ごとにちがいますが、入力すべき点はほとんど同じです。

銘柄名、証券コード……トヨタなら７２０３、ソニーなら６７５８、ＮＴＴなら９４３２と、株はすべての銘柄にコード（背番号のようなもの）がついています。間違えないように入力しましょう。

市場……売買したいのは東証1部の銘柄なのか、新興市場の東証マザーズ、あるいはジャスダックの銘柄なのかをチェックします。

注文の種別……売り注文なのか、買い注文なのかに注意します。

注文の量……１００株買うのか、２００株買うのか。株数を間違えないように。

注文の有効期間……当日中に売買が成立しなければ、注文はキャンセルなのか、それとも３日後や1週間後まで待てるのかを指定します。

証券口座の種類……一般口座なのか、特定口座なのか、ＮＩＳＡ口座（50ページ参照）なのかを指定します。

これらの事項を入力後、「本当にこれでいいですか？」という確認画面が出てきたら、必ずもう一度、チェックして約定します。

証券コード、市場、注文量、有効期間……

1に確認、2に確認。3、4がなくて5に確認。注文をまちがえたら大変だからね！

取引画面をのぞいてみよう

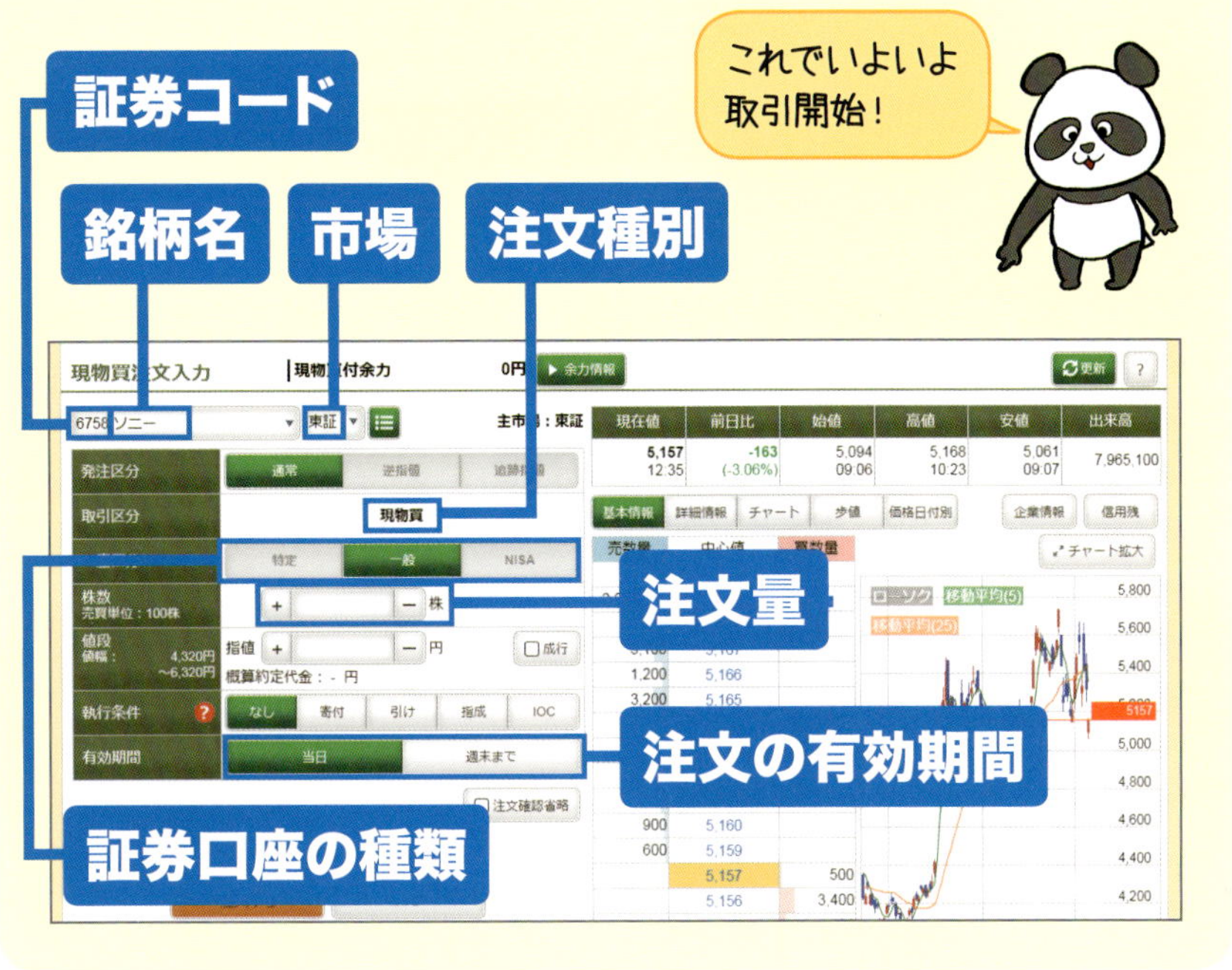

上の画像は実際に松井証券が採用している現物株買い注文画面です。銘柄はソニー（証券コード6758）。右側にあるのが、売りや買いの注文が実際にどの程度あるかを表示した「板情報」（詳しくは44ページ参照）画面と、株価の5分足チャート画面です。株価の変化とチャートの形状変化がリアルタイムで確認できます。

これを駆使すれば、取引所に刻々と流れ込んでいる売り注文や買い注文の数量変化をチェックしつつ、チャートを眺めながら注文を出してタイミングよく買いつける……というデイ・トレーダーみたいなトレードも可能です。果たして期待通りの結果が出るかどうか。それはあなたの腕次第ということになるでしょう。

06

覚えておこう値動きのしくみ

株の値動きには上限下限がある

ストップ高・ストップ安とは？

一夜にして株価が10倍になり、あっという間に億万長者……。株式投資は資産を大きく膨らませるチャンスですが、さすがに残念ながら「一夜」では無理です。

というのも、**株価は1日に動ける幅があらかじめ決められていて、どんなに買い注文が殺到しても、決められた上限を超えることはない**からです。これを**「ストップ高」**といいます。逆にいくら売り注文が殺到しても、**「ストップ安」**より下には下がりません。これは株価の極端な暴騰や暴落からみなさんを守るための制度です。

値動きの幅は株価で決まる

株の１日の値動きの幅は、前日の株価が５００円未満の株なら上下に80円まで、７００円未満なら上下１００円まで、１０００円未満なら上下１５０円までと決まっています。

たとえば、前日に６３２円だった株なら、当日どんなに上がっても７３２円まで、どんなに下がっても５３２円までとなります。

この株がそのままストップ高で終えた場合、翌日は７３２円を基準にスタートしますが、今度は「１０００円未満の株」扱いとなり、値幅は上下１５０円。翌日のストップ高は８８２円となります。

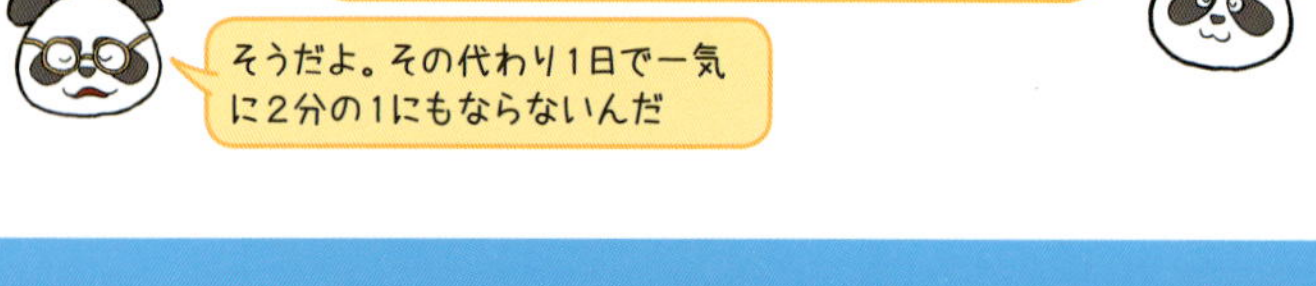
株価って１日で一気に２倍にはならないんだね
そうだよ。その代わり１日で一気に２分の１にもならないんだ

株の値動きのしくみ

値動きには決められた範囲がある

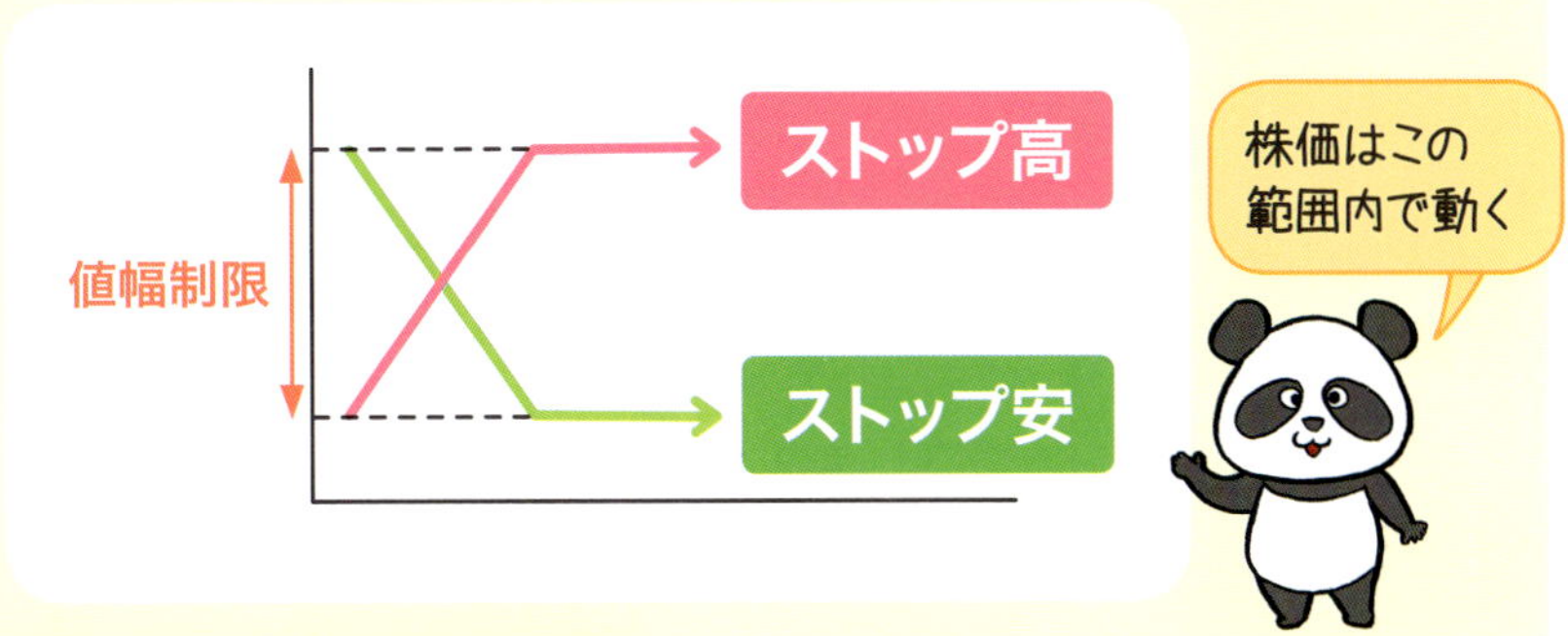

値幅制限

株価	制限（上下）
100円未満	30円
200円未満	50円
500円未満	80円
700円未満	100円
1000円未満	150円
1500円未満	300円
2000円未満	400円
3000円未満	500円
5000円未満	700円
7000円未満	1000円
10000円未満	1500円
15000円未満	3000円
20000円未満	4000円
30000円未満	5000円
50000円未満	7000円

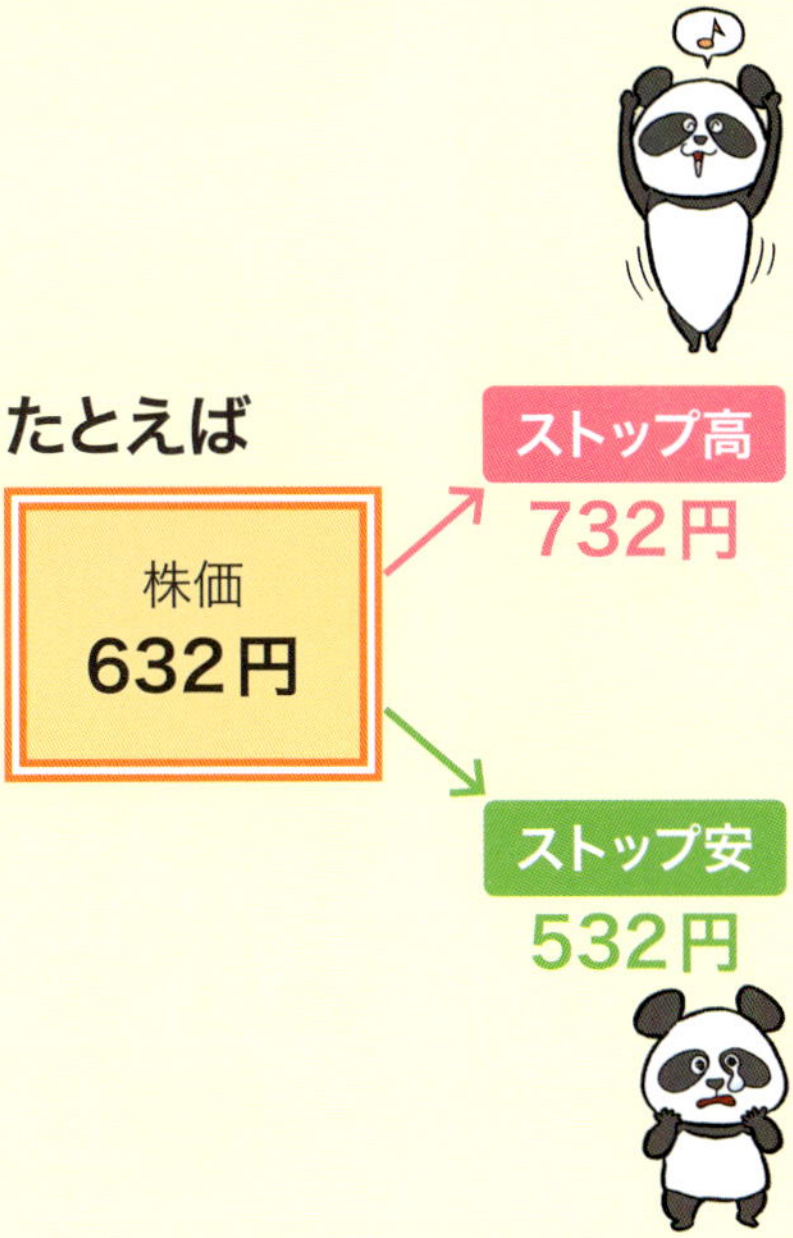

07

買いのタイミングを見つけよう

株注文の天気図「板《いた》情報」を読んでみよう

○「板情報」とは？

お目当ての株に現在、どれくらいの注文が入っているのか？　それを一発で教えてくれるのが取引ツールの**「板《いた》」**です。

板は真ん中の株価を挟んで左側に売り注文、右側には買い注文が並んでいます。次図でいえば、「５００円で売りたい」という売り注文が３００株、「４９９円で買いたい」という買い注文が４００株入っています。だから株価は４９９円と５００円の間でせめぎあっているわけです。

ここでみなさんが４９９円の買い注文を１００株入れると、「４９９円買い」の欄は５００株になりますが、株は同じ値段なら時間が早い注文から処理されるので、「４９９円売り」が５００株現れない限り、買うことはできません。

一方、「５００円売り」はすでに３００株あるので、「５００円買い」１００株の注文を入れれば、すぐに買うことができます。

○「S」や「特」の文字に注意

板はリアルタイムで更新されます。これをよく見ていれば、株価がこの先どう動くかを予想することもできるようになりますから、「板読み」の腕を磨きましょう。また、板には時々、「S」や「特」の文字が表示されます。**「S」はストップ高・ストップ安、「特」は注文が買いか売りに一方的に偏っている「特別気配」を示します。**これらの表示が出たら、その後は急激な値動きをしやすいので注意しましょう。

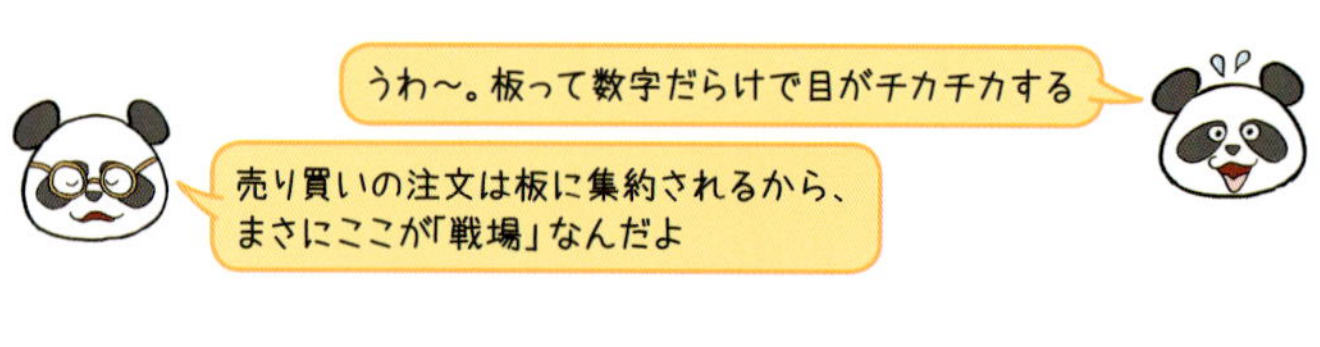

うわ～。板って数字だらけで目がチカチカする
売り買いの注文は板に集約されるから、まさにここが「戦場」なんだよ

「板」を見れば注文状況がわかる

現在の株価
500円

売り	株価	買い
500	502	
400	501	
300	500	
	499	400
	498	500

499円で100株
買い注文を出すと……

売り	株価	買い
500	502	
400	501	
300	500	
	499	500
	498	500

500円で100株の
買い注文を出すと……

売り	株価	買い
500	502	
400	501	
300	500	100
	499	400
	498	500

→ 成立後

売り	株価	買い
500	502	
400	501	
200	500	
	499	400
	498	500

すぐ買いたければ499円ではなくて500円で買い注文を
出せば買えることがこの板からわかる！

08

指値《さしね》注文・成行《なりゆき》注文とは

さあ、注文してみよう！

「指値注文」とは？

株の注文の仕方には**「指値注文」**と**「成行注文」**の2つがあります。

指値注文は、いくらで何株売買したいか「価格」と「株数」をそれぞれ指定して注文するやり方です。

「500円で買いたい」と指値をすれば、指定した条件より不利な501円で買うことはありません（逆に有利な499円で買えることはあります）。これは売りの場合も同様です。

指値とは「値段を指定すること」ですから、希望する値段で売買できる半面、値段が合致しない限り、売買は成立しません。

「成行注文」とは？

一方、**成行注文は、株数のみを指定して、値段は指定しない注文の方法です。**いくらでもいいから、とにかく買いたい・売りたいというとき、この方法で注文します。

たとえば次の図で成行の買い注文を500株出すと、最も安い値段から順番に売買が成立していきます。最初の200株は現在一番安い500円で買い、次の200株は501円、最後の100株は502円で買うといった具合です。

成行注文では、予想外の価格で売買してしまうこともありますが、価格にこだわらない分、売買は成立しやすくなります。

ゆびね注文となりゆき注文？

さしね、と読むんだよ。値段にこだわるのか、売買成立が大事なのかで指値と成行を使い分けるんだ

「指値注文」「成行注文」とは？

指値注文

「いくらで買う」と指定するときの注文

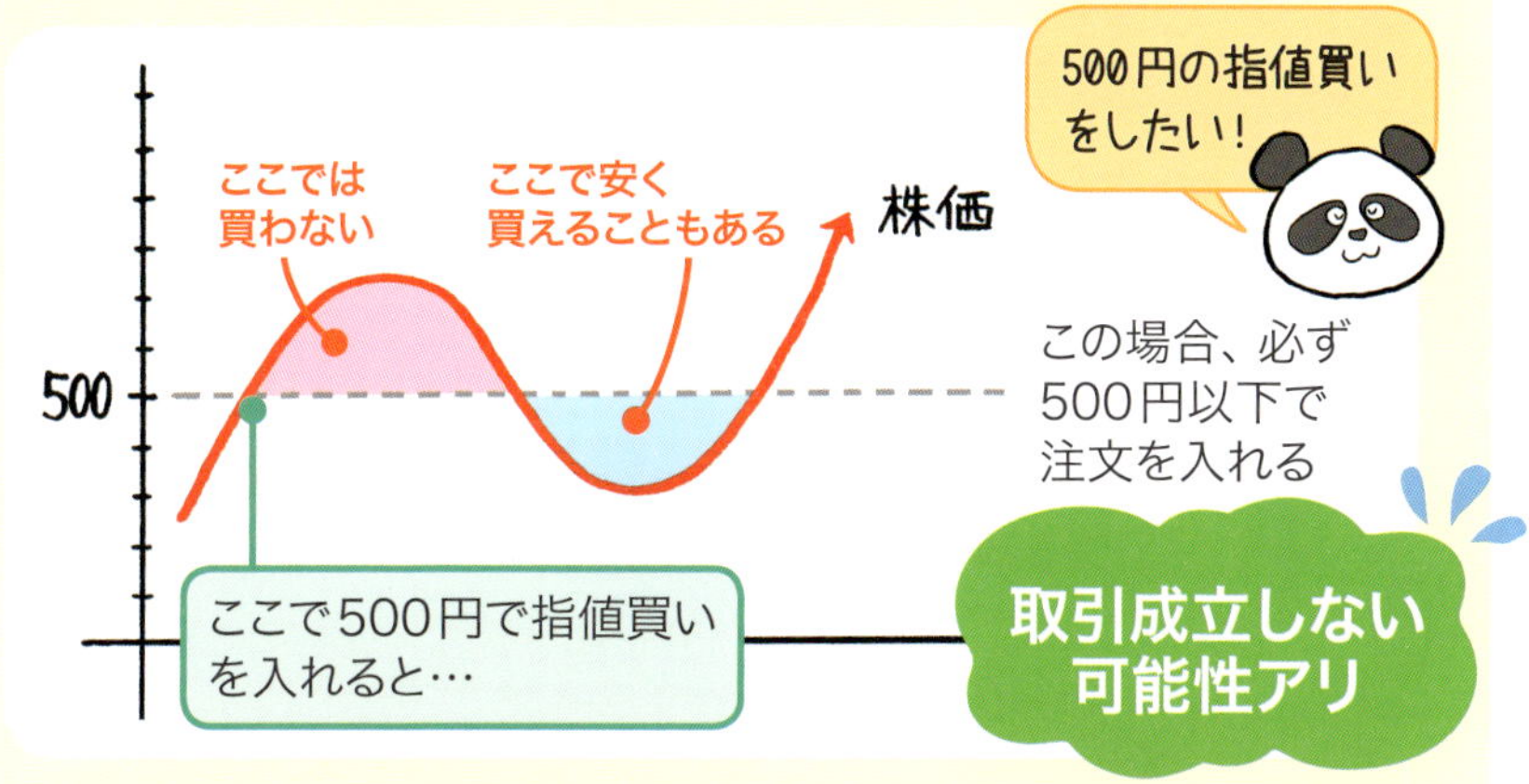

成行注文

「いくらでもいいから買いたい」ときの注文

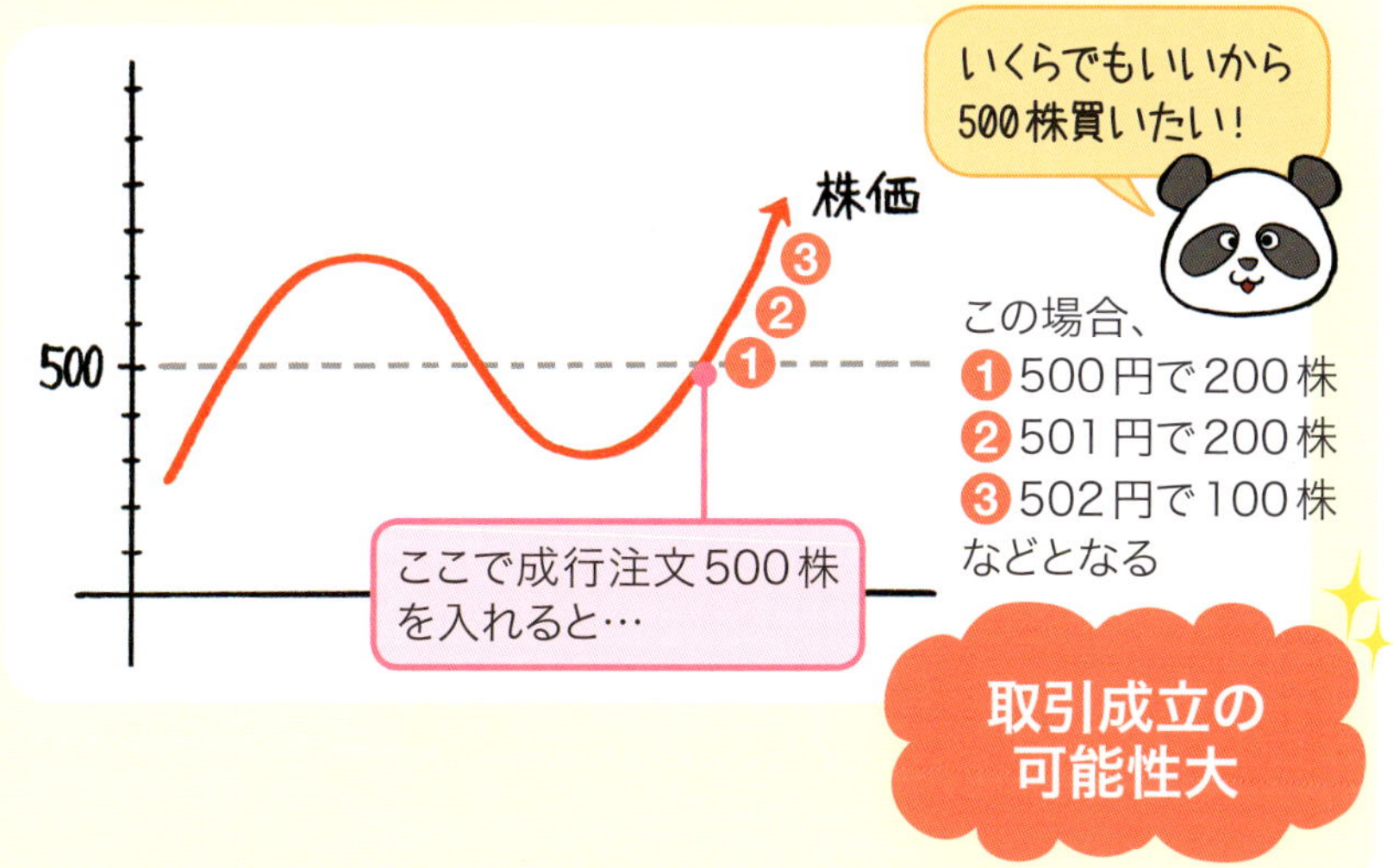

09

株には税金がかかる

儲かったら税金を払おう

20万円以上儲けが出たら申告！

株式投資では、売買で利益を上げた場合と、配当金を得た場合にそれぞれ税金がかかります。**いずれも所得税と住民税がかかり、2つ合わせた税率は20・315%。**会社員の場合、年間の給与以外の所得が20万円を超えたら申告する義務がありますから、株の売買で20万円超の利益を上げた場合、翌年春に**税務署で確定申告**して税金を支払います。

確定申告が面倒な人は？

ただ、確定申告なんて面倒だ、という人も多いですよね。そういう場合におススメなのが、証券会社で**「特定口座」**を作ることです。

特定口座は**「源泉徴収あり」と「源泉徴収なし」**を選べますが、「源泉徴収あり」なら、株の収支の計算から税金の計算、申告・支払いまでをすべて証券会社がやってくれます。「なし」にすると、証券会社は収支計算のみを行い、申告は自分ですることになります。

「源泉徴収あり」の特定口座では、株の利益が出た時点で、その都度、税金が引かれます。年間トータルで結果的に収支が赤字だった場合は、税金を払いすぎたことになりますから、その分は自分で確定申告をして取り戻します。

また、株の売買による損失は、その翌年以降3年間で得られた利益と通算して相殺することができます。それによって税金が安くなります。

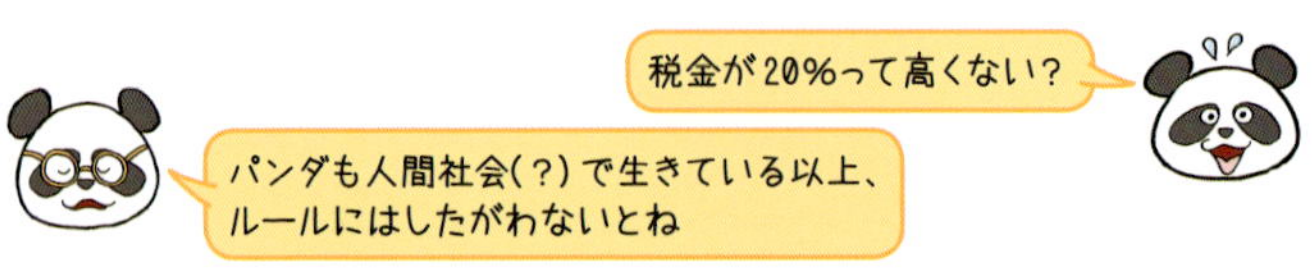
税金が20%って高くない？
パンダも人間社会(？)で生きている以上、
ルールにはしたがわないとね

株にかかる税金とは？

●株にかかる税金

株で20万円超の利益が出た（1年間） → 所得税・住民税が20.315%かかる → 国

配当金をもらった → 所得税・住民税が20.315%かかる → 国

配当金の税金は源泉徴収されるため、確定申告不要

●証券口座の種類

一般口座

- 自分で確定申告
- 証券会社が取引のたびに取引報告書を作成

20万円超利益が出たら自分で確定申告

源泉徴収なし特定口座

- 自分で確定申告
- 証券会社が年間取引報告書を作成

20万円超利益が出たら自分で確定申告

源泉徴収あり特定口座

- 証券会社が納税・確定申告
- 証券会社が年間取引報告書を作成

損失が出たら確定申告して過払い分を取り戻す

10 税金なしで株が買える「ＮＩＳＡ（ニーサ）」とは？

税金なしにする方法がある！

株の利益には20％の税金がかかるのが基本。ですが、**「少額投資非課税制度（ＮＩＳＡ）」という制度を使えば、年間１２０万円までの投資で得られた利益や配当については税金ナシとなります。**

たとえば１２０万円で買った株が大きく値上がりして１０００万円で売れたとします。この利益、８８０万円についての税金は１７８万円。それが非課税となるのです。これは大きな優遇策です。

非課税になる期間は最長で5年間ありますから、この間はじっくり値上がりを待てるわけです。しかも、**毎年１２０万円の限度額いっぱいの投資を続ければ、5年間で合計６００万円分の株式投資が生み出す利益が非課税になるわけです！**

「つみたてＮＩＳＡ」がスタート

ＮＩＳＡは株をはじめようというみなさんを応援するために、国が２０１４年に導入した制度。さらに２０１８年からは、**国が指定する投資信託を年間40万円分まで購入した場合にも、売却益や配当金が非課税となる「つみたてＮＩＳＡ」**もはじまりました。松井証券などのネット証券では、１回１００円、１０００円といった少額で投資信託を購入し、つみたてＮＩＳＡをはじめることができます。

ＮＩＳＡを使う場合、証券会社にＮＩＳＡ専用の口座を作る必要がありますが、とても簡単な手続きなので、まずは１０００円からはじめてみましょう！

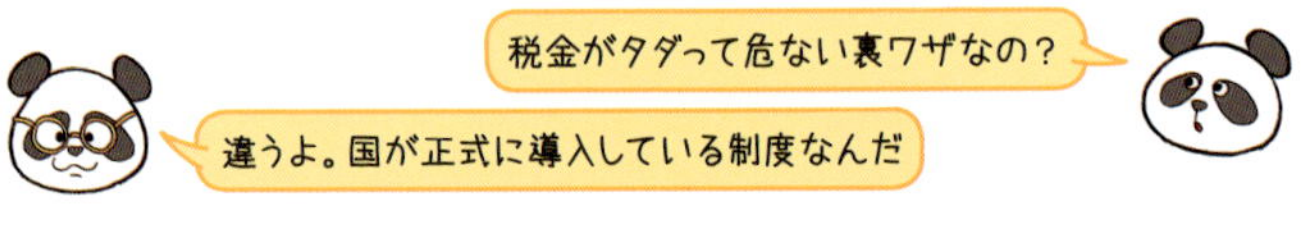

税金がタダって危ない裏ワザなの？
違うよ。国が正式に導入している制度なんだ

NISA（少額投資非課税制度）とは

NISA

年間120万円までの投資で得られた利益や配当の税金がゼロになる制度

●NISAを使わない場合

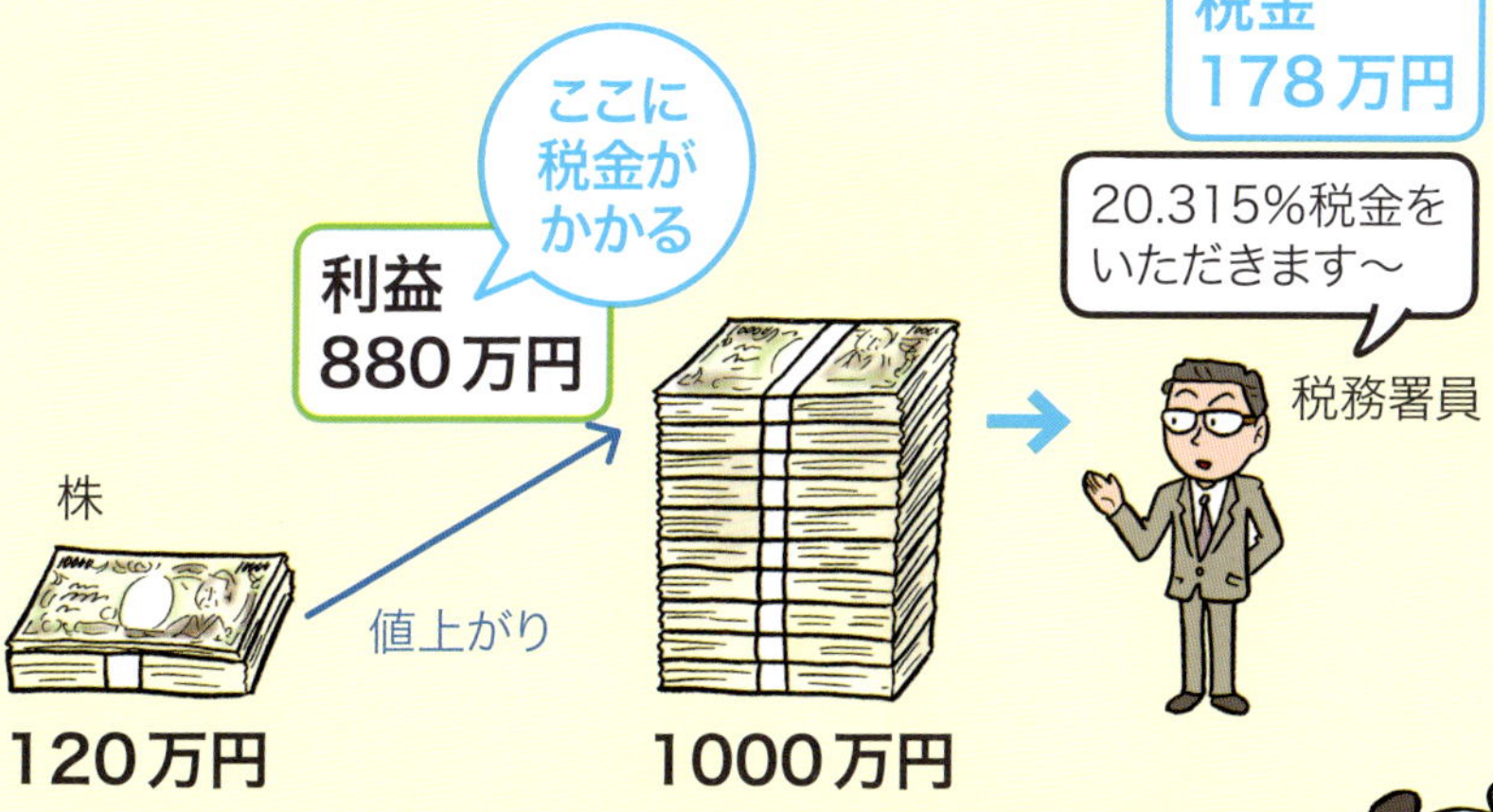

●NISAを使った場合

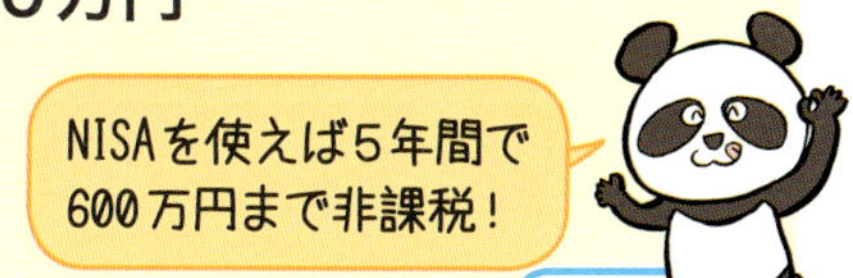

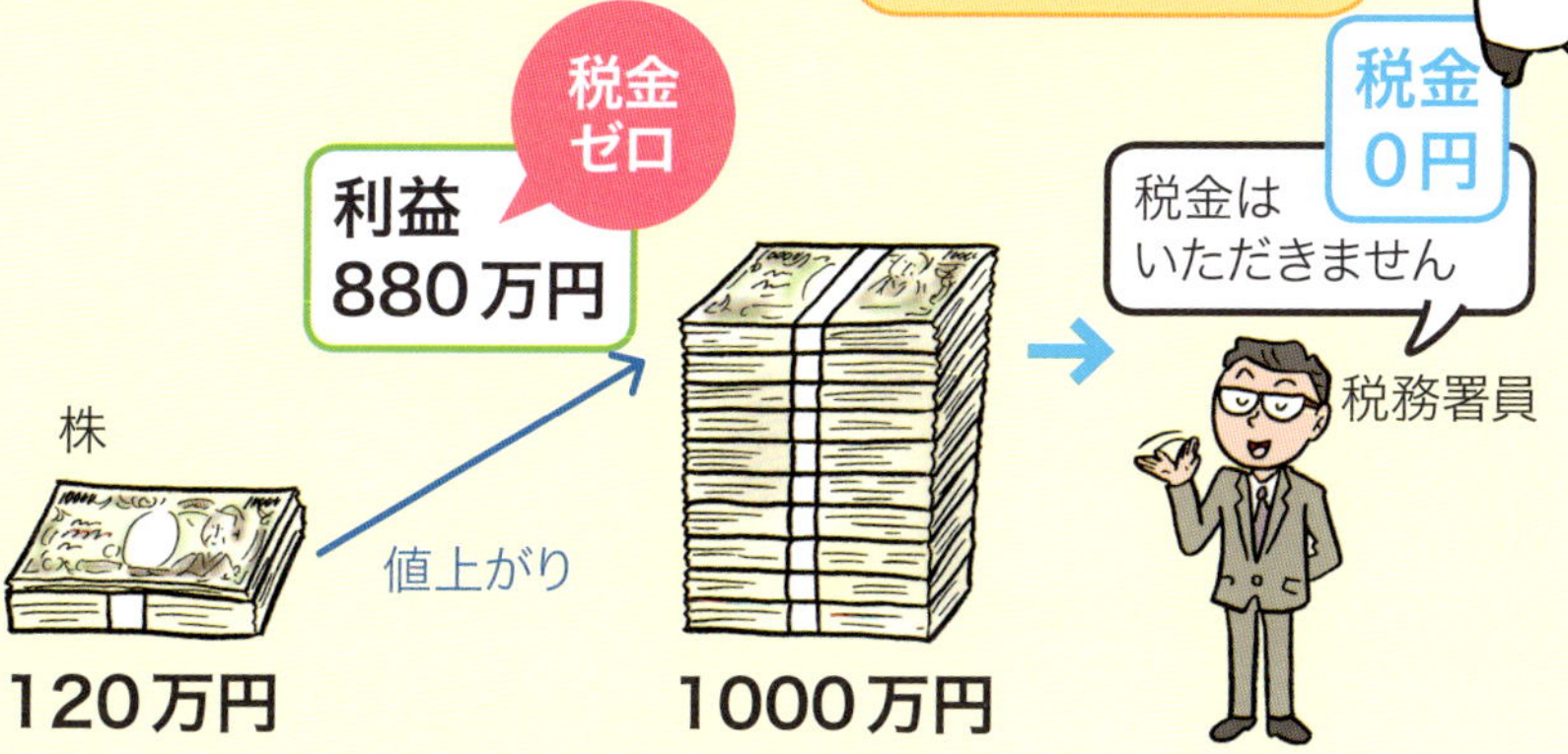

第3章

10倍も夢じゃない！
有望株・ヤバい株の見分け方

01 いい株の見つけ方

まずは「業績」をチェックしよう

いい株はどこで見分けるか?

株式投資で儲けるコツは「いい株」を買うことです。**ではいい株とはなにか? それは利益をしっかりあげている会社の株、これからドンドン利益をあげそうな会社の株です。**だから会社の業績をしっかりチェックすることが、株式投資の基本中の基本です。

業績がいい会社は、利益を増やしているものです。まずは**決算書**(66ページ参照)で過去数年間の数字を見て、利益が増加傾向にあるのか、減少傾向なのかを判断しましょう。

先行きを読もう

銘柄選びで次に大事なのは**「先行き」**です。会社側の見通しとして、今期に比べて「来期はもっと利益が増える」と見ているのかどうか、確認します。

利益が増えるなら、配当金が増える可能性が高いですから、こうした会社の株を買っておけば、**「株価上昇」に加えて「配当金増額」という〝一石二鳥〟を狙える**かもしれません。逆に利益が減っているなら、その会社の株価は上がりにくいと考えましょう。

新技術の開発や事業買収、不祥事など、業績以外のニュースで一時的に株価が動くこともありますが、これらも結局は先行きの業績に関係してくるため注目されます。**「株価=業績」としっかり覚えておきましょう。**

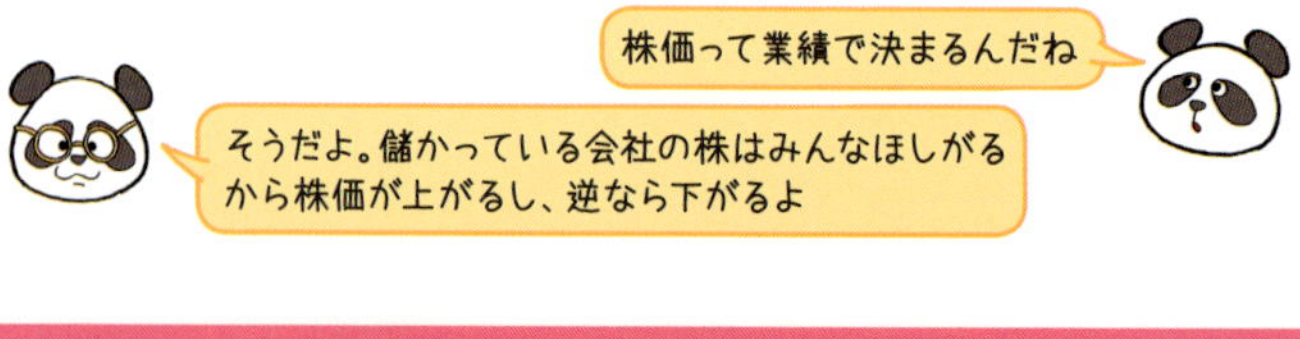
株価って業績で決まるんだね
そうだよ。儲かっている会社の株はみんなほしがるから株価が上がるし、逆なら下がるよ

株価の基本は業績！

●株価が上昇しているとき

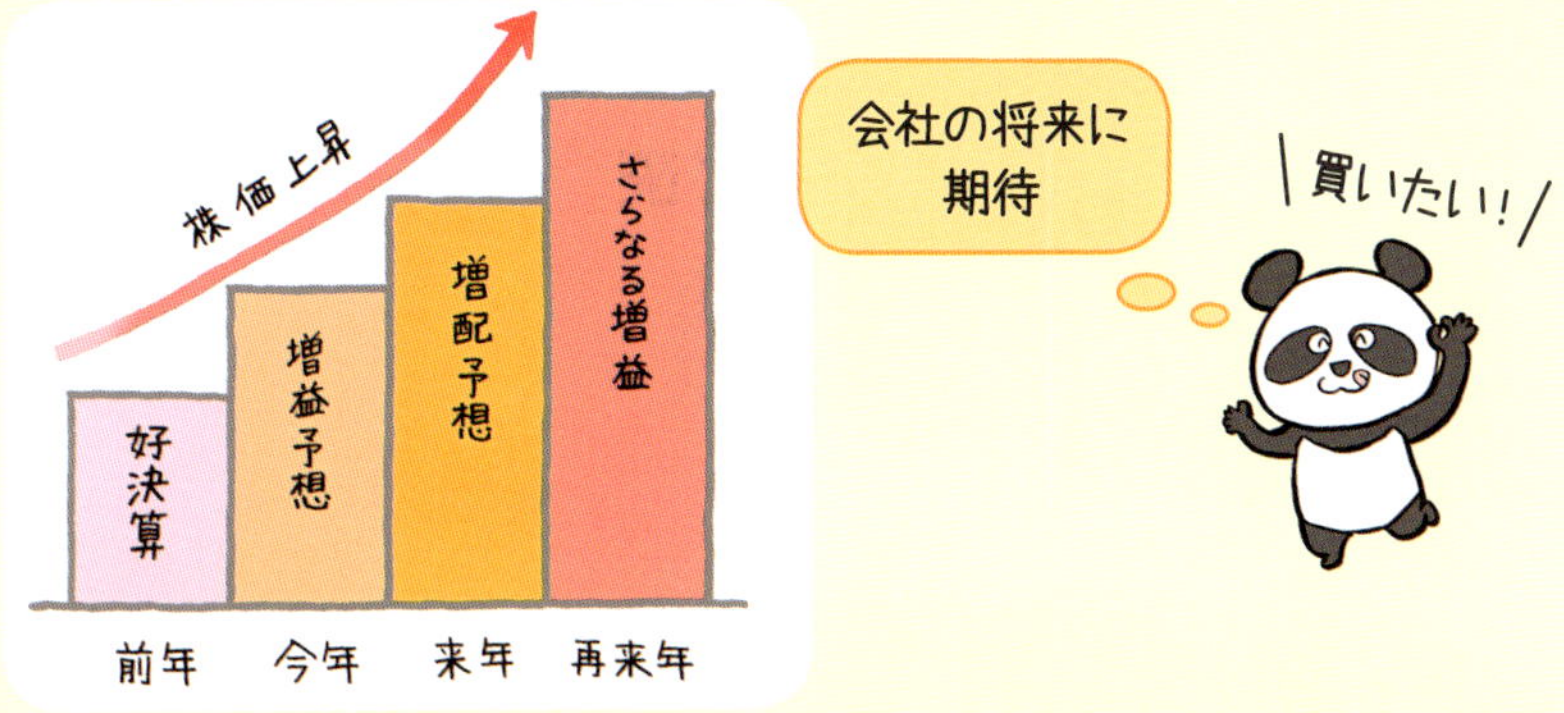

●株価が下落しているとき

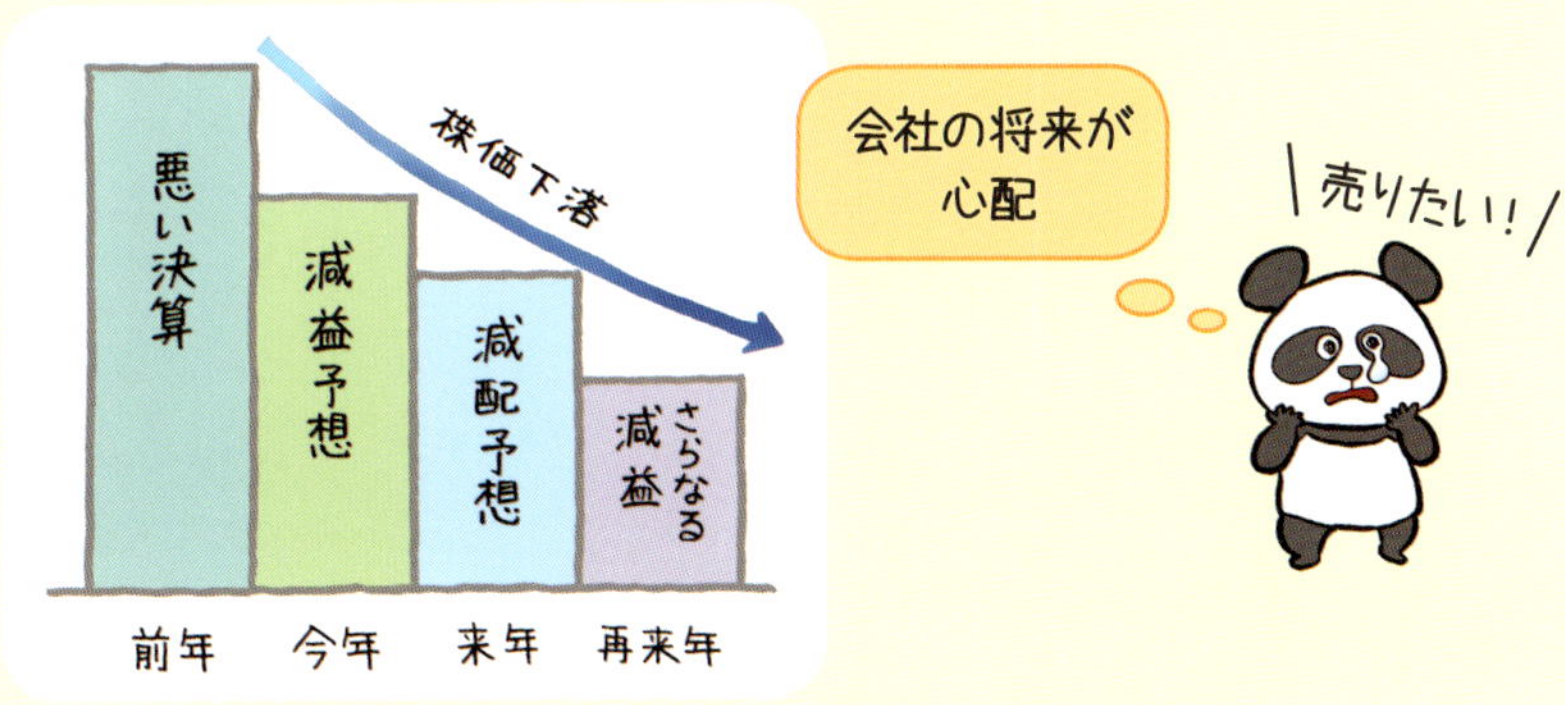

新製品開発	海外進出	経営陣交代
事業買収	不祥事	新工場建設

↓

すべて業績に表れる

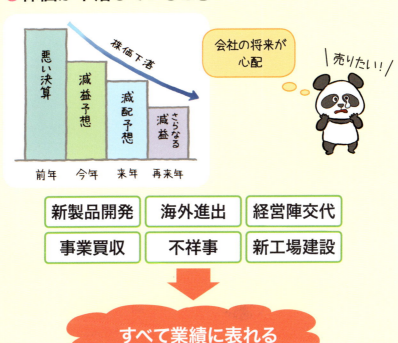

02

「EPS」でいい株を見つける

買うべき株はここでわかる！

「EPS《イーピーエス》」とは？

いい株はどうやって見分ければいいのでしょうか？　ここで押さえておきたいのが**「EPS」**という考え方です。

EPSは和訳すると**「1株あたりの利益」**で、その会社が1株あたりどれくらいの利益を上げているかを示します。これは**会社が1年間に上げた純利益の額÷発行済み株式数**で計算します。

「EPS」を見ればいい会社がわかる！

会社の「純利益」とは、人件費などの必要経費や法人税などの税金をすべて引いた後に会社に残る利益で、株主への配当金はこの純利益のなかから支払われます。

1株あたりの利益が高いということは、投資家が投資したお金が効率的に使われ、会社がしっかり利益を上げているということ。当然、お金を配当に回す余裕も生まれます。逆にEPSが低ければ、会社があまり儲かっておらず、配当が減らされる心配が出てきます。

ゲーム機が好調な**任天堂**は2017年3月期のEPSが853円で、そこから株主に配当金を430円支払いました。これが投資家に好感され、株価はなんと4万円台（18年1月現在）という高水準です。

ユニクロをチェーン展開する**ファーストリテイリング**も17年8月期のEPSが1100円を超し、そのうち350円を配当金として株主に支払いました。

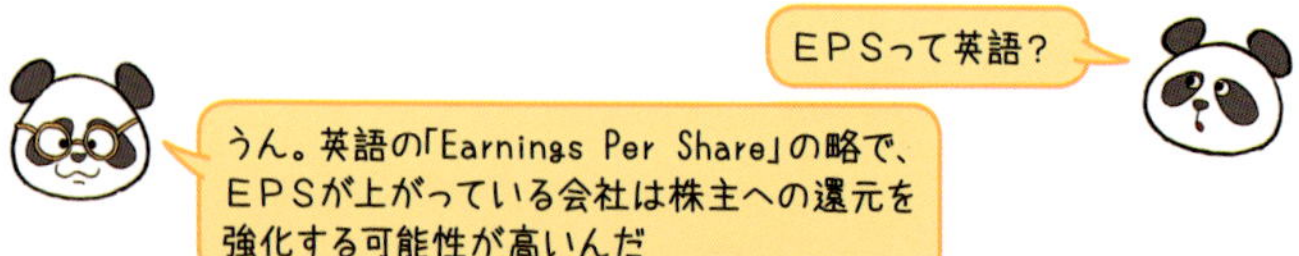
EPSって英語？
うん。英語の「Earnings Per Share」の略で、EPSが上がっている会社は株主への還元を強化する可能性が高いんだ

「ＥＰＳ」を計算すれば１株あたりの利益がわかる

ＥＰＳ（１株あたりの利益）＝ 純利益の額（年）／発行済み株式数

●任天堂（2017年３月期）の場合

ＥＰＳ（１株あたりの利益）＝ 純利益 1025億7400万円 ／ 発行済み株式数 1億2012万8492株（期中平均）

＝ **853.87円**

１株あたり約853円稼いでいる

東証一部でＥＰＳが高い企業

会社名	１株あたりの利益（2018年1月時点の通期計画）
SMC	1934円
ＪＲ東海	1905円
東京エレクトロン	1207円
ファーストリテイリング	1177円
大東建託	1118円
良品計画	1098円
東建コーポレーション	1017円
ブイ・テクノロジー	990円
しまむら	947円
ファナック	930円

03

「PER」でお買い得株を見つける

お買い得株を探したいなら利益をチェック

「PER《ピーイーアール》」とは？

買い物の基本はいい物を安く買うこと。これは株も同じです。では、株価が安いか高いかは、どうやって見分ければいいのでしょうか？

ＥＰＳを使って株価が割高か割安かを判断する指標があります。それが**「ＰＥＲ」**です。日本語では**「株価収益率」**といい、**現在の株価は1株あたりの利益（ＥＰＳ）の何倍にあたるのかを示します。**これは**現在の株価÷ＥＰＳ**で計算します。

「ＰＥＲ」が低い方がお買い得

たとえば、ある会社のＥＰＳが30円でいまの株価が６００円なら、６００÷30でＰＥＲは20倍です。株価が４００円に下がれば、４００÷30でＰＥＲは13・3倍まで下がります。**ＰＥＲが低い方が割安なので、お買い得です。**

まず、お目当ての会社とライバル会社のＰＥＲを比べてみるのがいいでしょう。たとえば通信会社のソフトバンクのＰＥＲが11倍、ＫＤＤＩが12倍、ＮＴＴドコモが13倍だとしたら、ＰＥＲ上はソフトバンクがいちばんお買い得、ということになります。

また、その銘柄の過去のＰＥＲ水準と比べる、という方法もあります。なんらかの事情で現在のＰＥＲが下がっていれば、「いまならお買い得」と判断できます。

ＰＥＲも英語？

うん。「Price Earnings Ratio」の略で、株価の割安・割高を見る尺度としては一番ポピュラーだよ

「ＰＥＲ」を計算すれば割安・割高がわかる

ＰＥＲ（株価収益率） ＝ 現在の株価 ／ １株あたりの利益（ＥＰＳ）

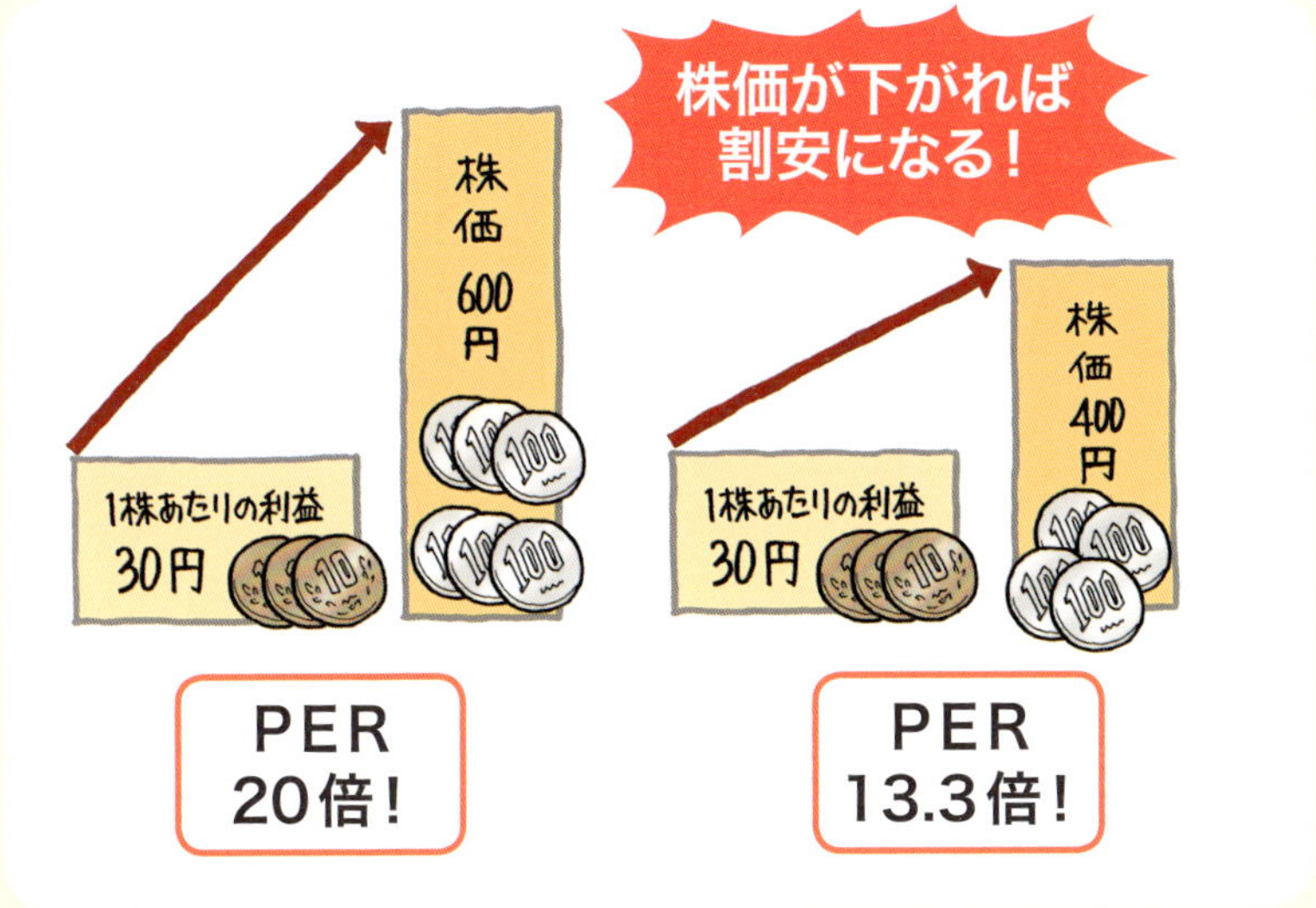
株価が下がれば割安になる！
1株あたりの利益 30円
株価 600円
PER 20倍！
1株あたりの利益 30円
株価 400円
PER 13.3倍！

●ライバル会社のＰＥＲを比べてみよう

	１株当たりの利益（ＥＰＳ）	２月１日終値（2018年）	２月１日のＰＥＲ（2018年）	
KDDI	233円	2833円	12.1倍	
NTTドコモ	200円	2727.5円	13.6倍	割高
ソフトバンク	791円	9083円	11.4倍	割安

※ＥＰＳはKDDI、NTTドコモは2018年３月期通期会社側予想、ソフトバンクはアナリスト予想

04

「PBR」でお買い得株を見つける

ライバル株と比較しておトク株を探す

○「PBR《ピービーアール》」とは？

PERに似ている指標に**「PBR」**があります。日本語だと**「株価純資産倍率」**といいます。

PBRは、会社が持っている純資産（会社が事業をやめて解散したときに株主の取り分となる資産）から見て、株価が割安かどうかを判断するための指標で、**現在の株価÷1株あたりの純資産**で計算します。

PERは利益を基準にした指標でしたが、このPBRは純資産という会社が持っている財産をもとにして割安・割高を見る指標です。たとえばPBRが1倍ということは、いまの株価と1株あたりの純資産が同じということです。

○「PBR」でその株のリスクがわかる

PBRが1倍のときにもし会社が解散すれば、理論的には株を買ったときのお金がそっくり戻ってくることになるので、**株価がPBR1倍を割っているなら、リスクが少なく、安全・安心な株価水準といえるでしょう。**

だからPBRは1倍を基準に、1倍以上なら株価は割高、1倍未満なら割安と考えます。

これもPERと同じように、同業ライバルと比較したり、過去の水準と比べたりするといいと思います。

PER、PBR……。覚えることがたくさんあるなぁ……

PBRは「Price Book-value Ratio」の略。たしかにいろいろあるけど、ほとんどはネット証券の取引画面に表示されているから、それを見れば株価の割安、割高を判断できるよ

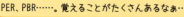

「PBR」を計算すれば安心な株がわかる

$$\text{PBR（株価純資産倍率）} = \frac{\text{現在の株価}}{\text{1株あたりの純資産}}$$

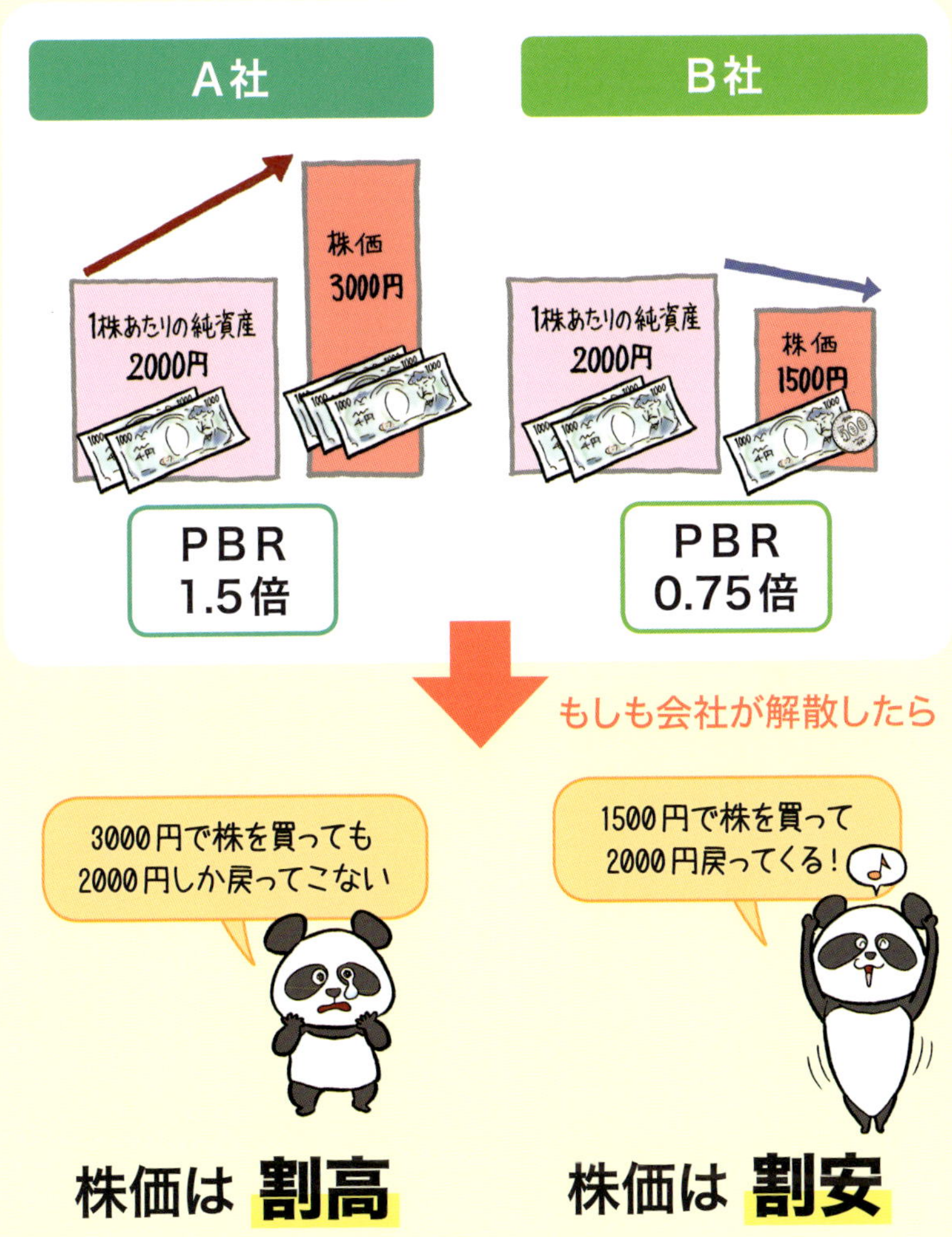

05

「配当金」でお買い得株を見つける

「利回り」がいいおトクな株を探すには？

◯「配当利回り」とは？

配当金から見て、いまの株価が高いか安いかを示すのが**「配当利回り」**という指標です。

配当利回りは、配当金の額が株価の何％にあたるかを示し、**1株あたりの配当金÷株価×100**で計算します。現在の株価が500円で、1株あたりの配当が15円だとしたら、配当利回りは3％となります。

配当利回りは、高ければ高いほど、株価は割安、逆に利回りが低いと株価は割高と判断できます。

つまり、配当金の額が同じ場合、株価が上がるほど配当利回りは低くなり、株価が下がるほど配当利回りは高くなりますから、株が下がったところで買えば割安な投資になるわけです。

◯配当利回りが高い会社はいい会社

2018年1月時点で配当利回りが高い銘柄は、日産自動車4・5％、SUBARU3・9％、日本郵政3・8％、キヤノン3・9％など。他にも配当金を増やす企業は多くなっています。

一方、会社が稼いだ利益のうち、どれだけを配当金に回しているかを見るのが**「配当性向」**。株主への利益配分にどの程度積極的かを見る指標です。

計算式は**1株あたりの配当金÷1株あたりの利益（EPS）×100**。1株あたりの利益が300円で、配当金が30円だとしたら、配当性向は10％。利益の10分の1しか株主に戻していないことになります。

配当利回り2％って低いの？　高いの？

東証1部全銘柄の平均は約1・4％だから高いほうだし、銀行の金利0・01％に比べたら断然おトクだね

「配当利回り」を計算しよう

$$\text{配当利回り}(\%) = \frac{\text{1株あたりの配当金}}{\text{株価}} \times 100$$

●日産自動車の場合

$$\text{配当利回り}(\%) = \frac{\text{1株あたりの配当金 53円（2018年3月期通期予想）}}{\text{株価 1173円（2018年2月2日）}} \times 100$$

$$= 4.52\%$$

東証1部平均は1.4%だから高い！

$$\text{配当性向}(\%) = \frac{\text{1株あたりの配当金}}{\text{1株あたりの利益（EPS）}} \times 100$$

配当利回りの高い会社

会社名	配当利回り
日産自動車	4.52%
SANKYO	4.24%
松井証券	4.18%
あおぞら銀行	4.04%
SUBARU	3.95%
青山商事	3.91%
JT	3.87%
日本郵政	3.80%

主な企業の配当性向（2017年3月期実績）

パナソニック	38.9%
ファナック	60.0%
住友商事	36.5%
トヨタ	34.6%
ソニー	34.4%
みずほフィナンシャルグループ	31.4%
新日鉄住金	30.4%
清水建設	20.6%
三井不動産	25.5%

06

「ROE」でいい株を見つける

社長の経営手腕をチェックしよう

●「ROE《アールオーイー》」とは

株価の割高、割安を判断する指標ではありませんが、最近注目されているものに「ROE」があります。

ROEは会社の収益性を判断する指標で、**「株主資本利益率」**（自己資本利益率）を意味します。株主から預かったお金を上手に使ってどれだけの利益を生み出しているか、という会社の「経営の上手さ」を測ることができます。

計算式は**当期純利益÷株主資本（純資産）×100**。純利益が100億円、株主資本が2000億円なら、ROEは5％となります。

●IT系企業のROEは高い！

これは投資家のお金を、ちゃんと使っているかどうかを示すものなので、外国人投資家はROEを重要な投資基準と考えています。日本でも年金基金などの大口投資家が、ROEの高さを基準に投資銘柄を選別しているようです。

少ない元手でできるだけ大きな利益を上げる企業が高ROE企業。IT系企業のROEは高く、2016年度実績でソフトバンクは46％、スタートトゥデイが72％、ガンホーが43％、カカクコムが44％などとなっています。

ROEの目安ってどれくらいなの？

平均は大体8％ぐらい(東証1部)。
欧米企業は10％を超えているところが多いよ

ROEを計算すれば経営手腕がわかる

$$\text{ROE（株主資本利益率）} = \frac{\text{当期純利益}}{\text{株主資本（純資産）}} \times 100$$

●たとえば純利益が100億円、株主資本が2000億円の会社の場合

$$\text{ROE（株主資本利益率）} = \frac{\text{当期純利益 100億円}}{\text{株主資本（純資産） 2000億円}} \times 100 = \mathbf{5\%}$$

経営がうまい企業

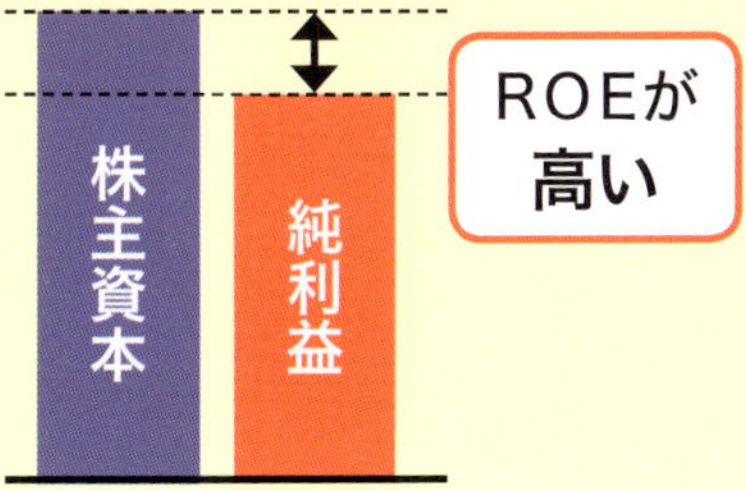
株主資本
純利益
ROEが高い

経営が下手な企業

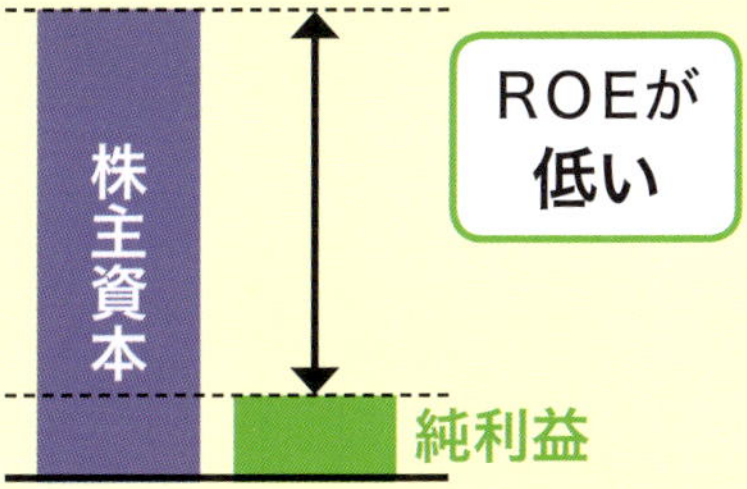
株主資本
純利益
ROEが低い

ROEが高い企業（2016年度実績）

会社名	ROE（%）
スタートトゥデイ	72.7
トクヤマ	58.5
ディップ	49.6
ソフトバンク	46.0
ファーストコーポレーション	45.0
カカクコム	44.5
ガンホー	43.8

欧米の企業の
ROEは平均10%超。
東証1部企業は
平均8.3%なんだって！
（2016年度）

07

危ない会社の見つけ方

危ない会社は決算書でチェック！

○決算書とは

儲かる銘柄を探すときに絶対に見落とせないのが会社の決算書です。決算書には会社の業績や収支状況、財務状況がすべて記されていますから、必ず読み方を覚えましょう！

決算書は大きく分けて、**①損益計算書　②貸借対照表　③キャッシュフロー計算書**の３つで成り立ちます。

●損益計算書

その企業が1年間にどれだけ売り上げ、どれだけ経費がかかったか、利益はいくら残ったかなど、会社の「儲け」がわかります。

●貸借対照表

その企業がどのように事業資金を集め、どんな形でいくら保有しているかなど、会社が持つ「資産」がわかります。

●キャッシュフロー計算書

売上や経費だけでなく、銀行からいくら借りていくら返したかなど、「会社のお金の流れ、資金繰り」がわかります。

損益計算書で利益が赤字になっていたり、貸借対照表で負債が大きく膨らんでいたりするのは、会社経営がうまくいっていない証拠。株価も低迷することが多くなります。会社の健全性を示す「健康診断書」として株を買う前に必ずチェックしましょう！

決算書って見たことないなあ

慣れれば大丈夫。それぞれの会社が年４回発表するから、毎回必ず目を通そう

損益計算書で会社の儲けがわかる

損益計算書

会社の儲けぶりがわかるもの。売上高から経費や税金を引くと利益が見える

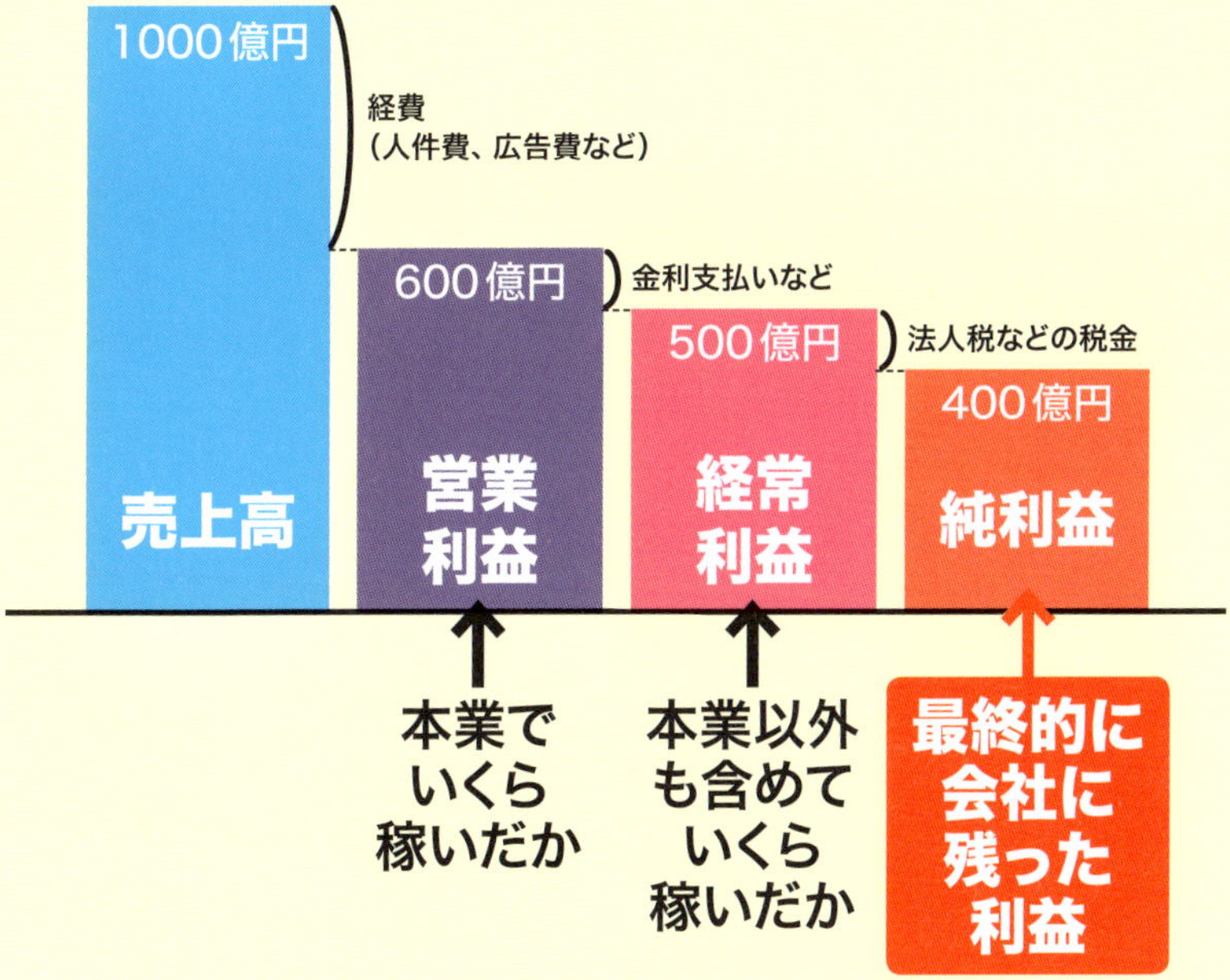
1000億円
売上高
経費
（人件費、広告費など）
600億円
営業利益
金利支払いなど
500億円
経常利益
法人税などの税金
400億円
純利益
本業でいくら稼いだか
本業以外も含めていくら稼いだか
最終的に会社に残った利益

損益計算書が赤字の会社は経営がうまくいっていないので、そういう会社の株は避けたい！

08

資金力に合わせて選ぼう

株は100円台から100万円以上までピンキリ！

「値がさ株」「低位株」とは

株式投資は、自分の身の丈に合った無理のない金額からはじめてください。なぜなら大儲けを狙って背伸びをしても、毎日ハラハラ・ドキドキで落ち着かず、判断を誤ることが多いからです。

株は株価によって、**「値がさ株」**と**「低位株」**に分けられます。1単元買うときにかかる金額が高額なものを「値がさ」、低額なものを「低位」と呼びます。

低位株には注意！

ちなみに高い低いの金額の明確な定義はありません。ただ、ユニクロを運営する**ファーストリテイリング**の株価は大体5万円前後で、購入は100株単位ですから、1単元を買うのに500万円とフツーの投資家には手が出ません。これは典型的な「値がさ」株です。

同様に**任天堂**は400万円以上、MUJIの**良品計画**は300万円以上必要ですから、同様、値がさ株と言えるでしょう。

逆に、**みずほフィナンシャルグループやパイオニア、レナウン**などは2万円程度で買えますから、「低位株」といえます。

低位株の中には1単元1万円以下で買えるような、購入金額が極端に低いものもありますが、業績や財務状況が悪く、そのために株価が低くなっている企業もありますので注意しましょう。

どの株を買おうかな……

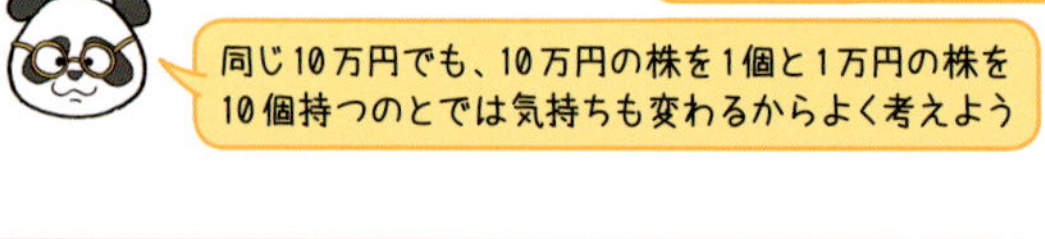
同じ10万円でも、10万円の株を1個と1万円の株を10個持つのとでは気持ちも変わるからよく考えよう

低位株と値がさ株

株価はピンから
キリまで！

値がさ株（東証一部）

会社名	2018年2月2日 株価（円）	単元株数 （株）	最低購入金額 （円）
キーエンス	67,380	100	6,738,000
SMC	54,990	100	5,499,000
ファーストリテイリング	48,620	100	4,862,000
任天堂	47,170	100	4,717,000
住友不動産	4,204	1,000	4,204,000
良品計画	36,200	100	3,620,000
ファナック	29,660	100	2,966,000
日本ハム	2,679	1,000	2,679,000
ディスコ	25,810	100	2,581,000
前田道路	2,496	1,000	2,496,000

低位株（東証一部）

会社名	2018年2月2日 株価（円）	単元株数 （株）	最低購入金額 （円）
エー・ディー・ワークス	45	100	4,500
エス・サイエンス	89	100	8,900
ダイトウボウ	117	100	11,700
日本通信	117	100	11,700
飛島建設	184	100	18,400
レナウン	189	100	18,900
日本駐車場開発	196	100	19,600
みずほフィナンシャルグループ	207.6	100	20,760
パイオニア	232	100	23,200
ジャパンディスプレイ	241	100	24,100

09

値動きの特徴をつかむ

株価の動きのクセを知って銘柄を選ぼう

「大型株」「中型株」「小型株」、初心者はどれがいい？

株式は発行している企業の大きさや上場している市場によって**「大型株」「中型株」「小型株」**に分類されます。大型株とは、発行されている株式数が多く、「時価総額」（株価×株式数）が大きい銘柄です。

たとえばトヨタやNTTやJR東日本など、日本を代表する大企業がそうで、**大型株は経営が長期的に安定しており、投資リスクが比較的低いと言えます。ただ売買が活発なため、値動きは緩やかになる傾向があります。**

東証1部上場銘柄のうち、発行済株式数や時価総額が大きいほうから上位100銘柄を大型株、101位～400位までを中型株、401位以下を小型株といいます。株数が少ない小型株は売買が少なく、一度注目を集めると値段が大きく動くのが特徴で、短期間で大儲けできる可能性があります。でもその半面、大きく損失を出すリスクもあります。

新興株はおもしろいけど気をつけて！

設立間もないベンチャー企業が数多く上場する**東証マザーズ**や**ジャスダック**など、新興市場の株式は総称して**「新興株」**と呼びます。

新興企業は、今後の高い成長が期待され、人気を集めます。しかしその半面、業績が不安定で、**株価変動も大きくなりがち。**大量の買い注文や売り注文が出ると**値動きが一方的になりやすい**ので、初心者は注意が必要です。

東証1部のNTTと、マザーズのミクシィ。どっちがいいかなあ？

大型株は緩やかに、新興株は激しく動くからそこをよく考えてね

株によって株価の動きにクセがある

大型株

時価総額が大きい、株数が多い

トヨタ　NTT　JR東日本　三菱UFJ　KDDI
ソニー　キヤノン　パナソニック　など

- ✓ 経営が安定
- ✓ 値動きはゆるやか

日本を代表する
有名企業！

中・小型株

時価総額が小さい、株数が少ない

ミサワホーム　イエローハット　WOWOW
セイコーHD　プリマハム　東急建設

- ✓ フツーの会社が多い
- ✓ 値動きは大きめ

身近な企業が
多い！

新興株

上場間もない

ミクシィ　サイバーダイン　そーせいグループ
串カツ田中　FFRI　ライフネット生命保険

- ✓ 急成長に期待
- ✓ 値動きは激しい

若い企業が
多い！

10 海外の動きも知ろう
アメリカの景気と連動する株もある

●海外の景気チェックが必要な株もある

会社の事業内容によっても株価の動きは変わります。たとえば米国への製品輸出を中心事業としている会社なら、米国の景気が悪くなれば業績が落ち込み、株価が下がる。一方、日本国内で稼いでいる会社なら、米国の景気はあまり関係なく、株価への影響も少ないはずです。こうした観点から、**輸出主力の企業を「外需株」、国内産業を「内需株」と呼びます。**

●「外需株」と「内需株」とは？

外需株に含まれるのは、自動車、電気機器、精密機器、機械、金属製品など、海外に製品を輸出して稼いでいる会社で、代表的な銘柄は**トヨタ**や**パナソニック、リコー、コマツ、オリンパスなど**です。

一方、**内需株**は、金融や不動産、建設、陸運といった国内事業が中心の会社で、具体的には**三井住友フィナンシャルグループ**や**野村不動産、鹿島建設、JR東日本**などです。

外需株と内需株の値動きはほぼ真逆です。海外の景気回復や為替の円安など、輸出に有利なニュースが伝わると、外需株が買われ（外需株の株価が上がり）、内需株が売られる（内需株の株価が下がる）傾向が強くなります（逆も真なり）。

「外需株」か「内需株」かを見分けるには事業内容を確認するだけでなく、「会社四季報」などで輸出比率をチェックするといいでしょう。

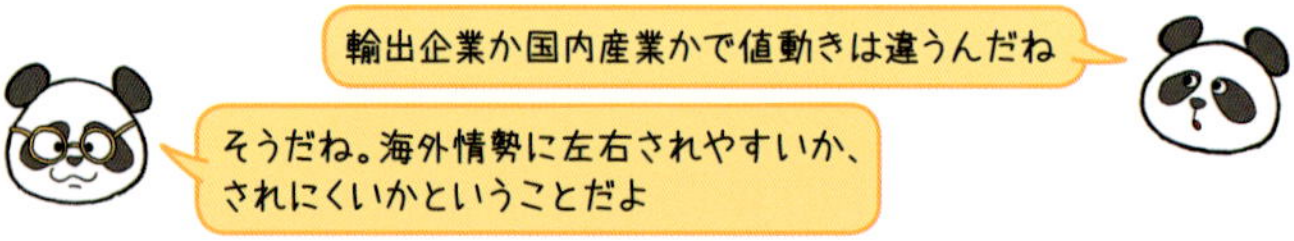
輸出企業か国内産業かで値動きは違うんだね
そうだね。海外情勢に左右されやすいか、されにくいかということだよ

「外需株」と「内需株」とは？

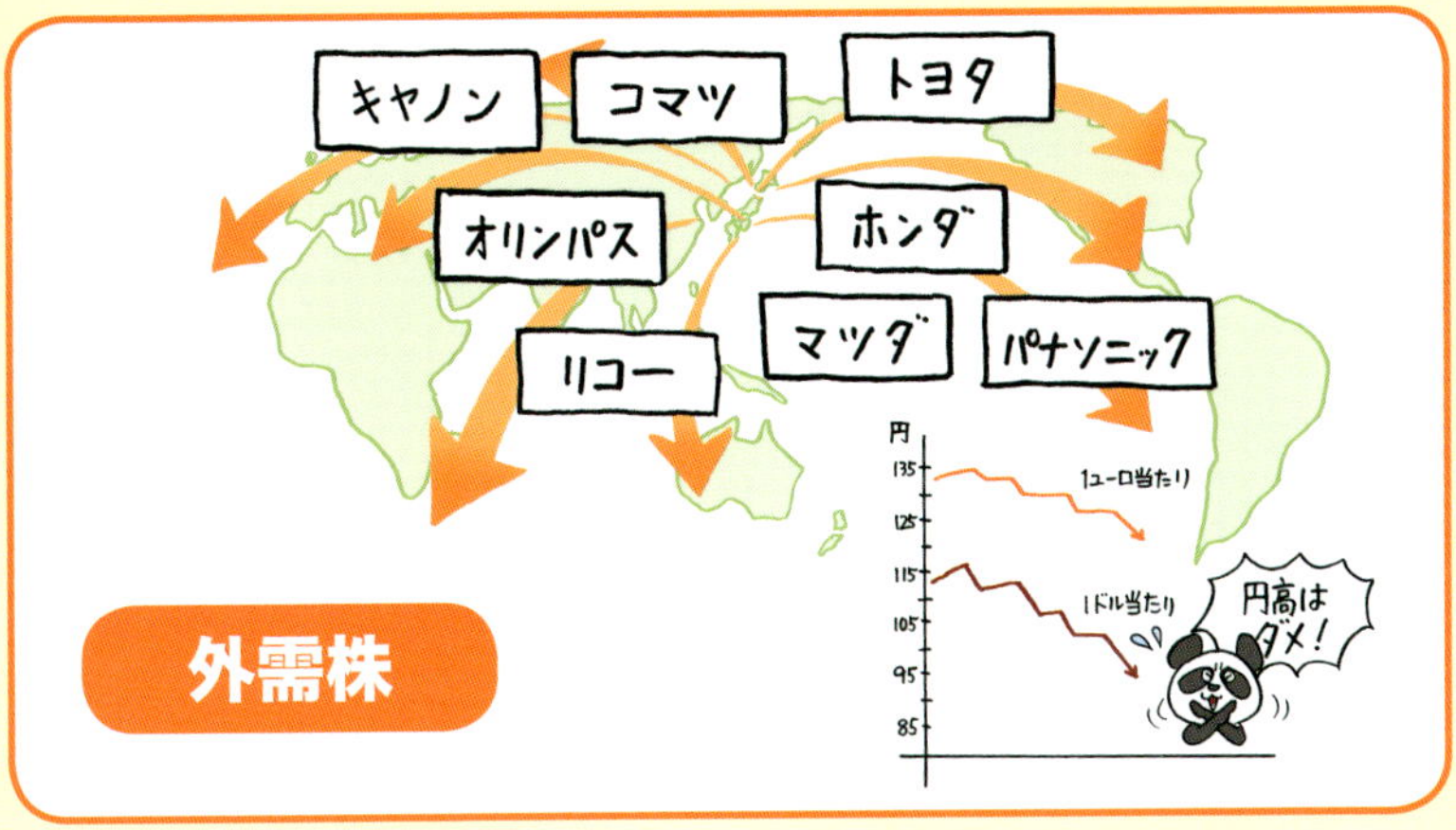

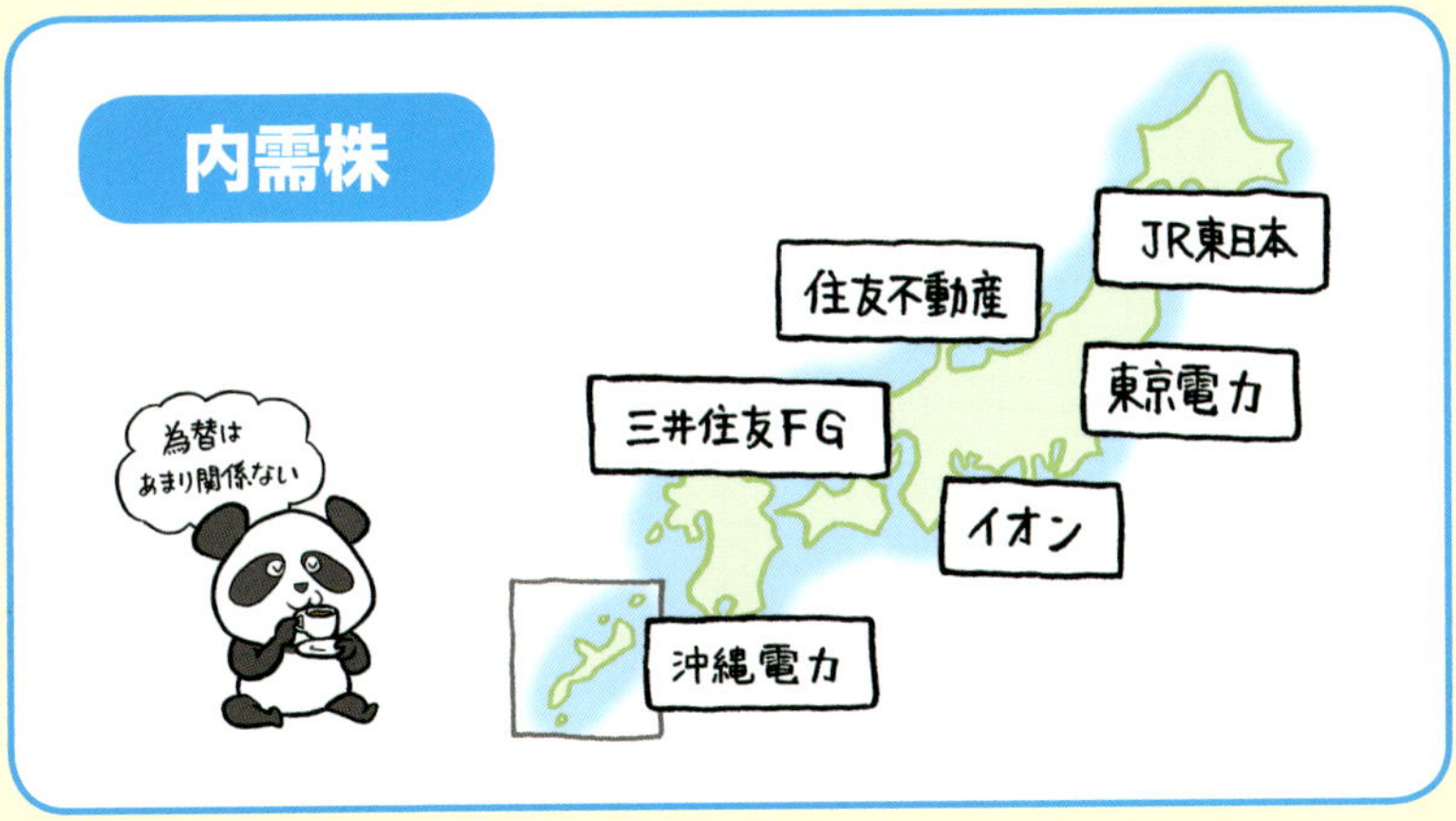

輸出比率（海外売上高）の高い企業

会社名	全売上高に占める海外比率（直近の決算短信などから）
三井海洋開発	100%
竹内製作所	97%
村田製作所	92%
TDK	91%
マブチモーター	91%

希望通りの銘柄を探すには

「スクリーニング機能」を使ってみよう

条件検索で探せる

これまで見てきた方法を使って、実際に自分に合った銘柄を探すとき便利なのが、各証券会社の取引画面にある**「スクリーニング機能」**です。

スクリーニングとは、一定の条件を設定してその条件に当てはまる銘柄を絞り込むこと。画面では業種や株の購入代金、配当利回り、PERなどの指標を条件として設定でき、希望の銘柄を絞り込めます。

いい株を発掘しよう

たとえば「市場は東証1部」「業種は医薬品」「購入金額は15万円以下」「配当利回りは2％以上」で検索すると、**アステラス製薬**の1銘柄に絞り込まれます（2018年1月23日時点）。

このようにスクリーニング機能を使えば、購入金額の上限など条件をあらかじめ決めたうえで、その範囲内で割安感の強い銘柄を探すことが簡単にできます。

初めて株を買うときは、自分がもともと名前を知っている会社だったり、知り合いに薦められた会社に偏りがちですが、それだけではどうしても視野が狭くなってしまいます。

スクリーニング機能をフルに活用すれば、自分に合ったお気に入り銘柄を積極的に〝発掘〟することができるでしょう。

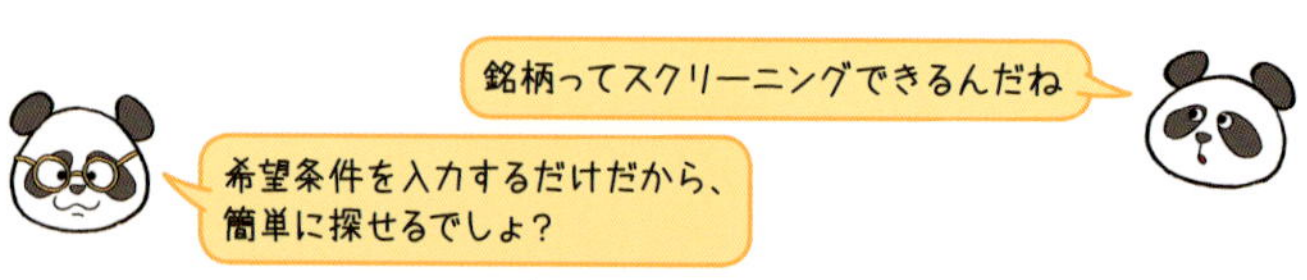
銘柄ってスクリーニングできるんだね
希望条件を入力するだけだから、簡単に探せるでしょ？

スクリーニングをしてみよう

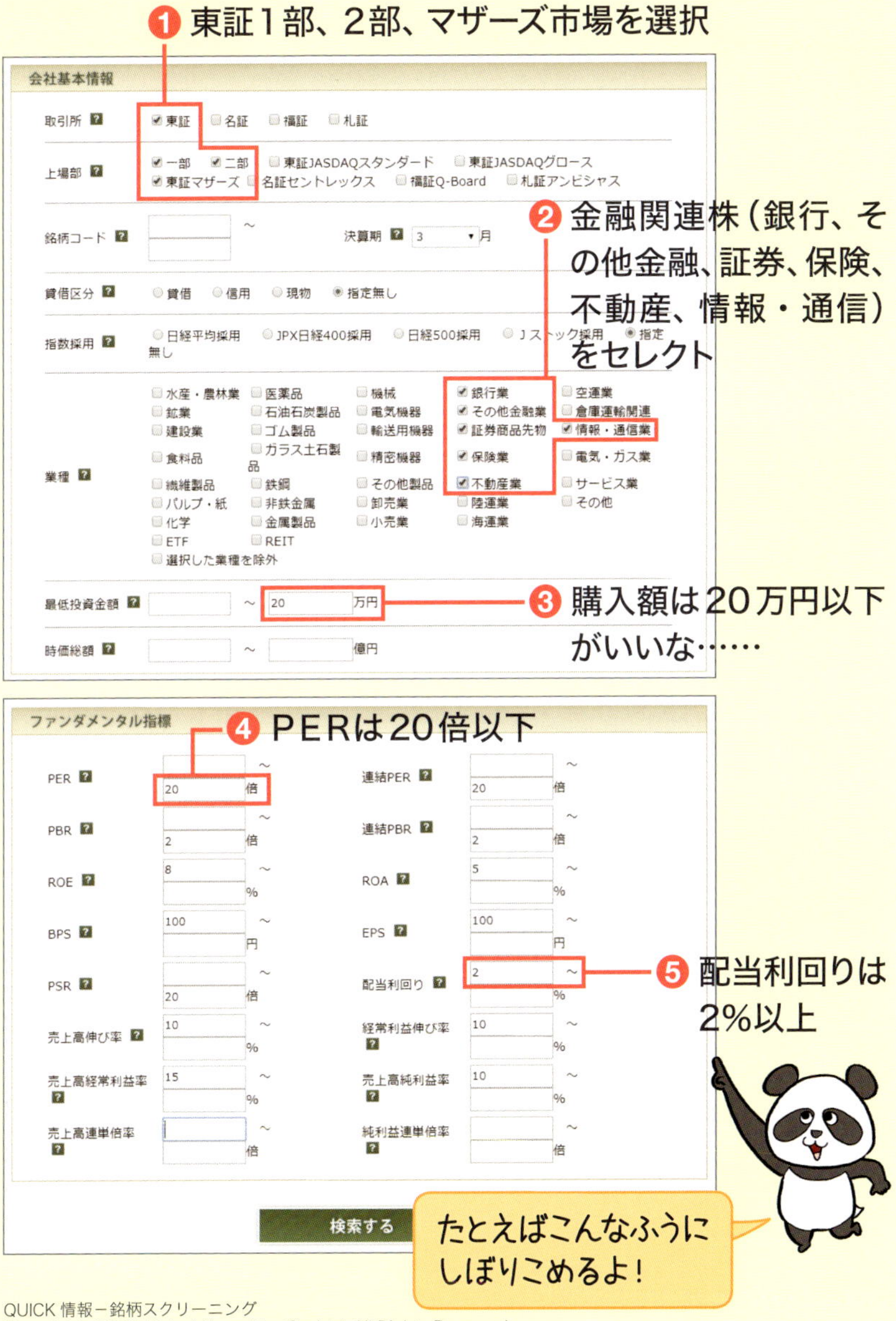

QUICK 情報ー銘柄スクリーニング

＊ 松井証券の銘柄スクリーニング画面

第4章

株の羅針盤
チャートを読んでみよう

01

チャートを読むならローソク足から
ローソク足は情報の宝庫！

●ローソク足とは？

株価チャートにたくさん並んでいる棒のようなものが**「ローソク足」**です。ローソク足は株価情報の宝庫ですから、必ず見方を覚えましょう。

ローソク足1本で1日の値動きを示すのが**「日《ひ》足《あし》」**、1週間の動きを示すのが**「週足《しゅうあし》」**。1カ月なら**「月足《つきあし》」**、1年なら**「年足《ねんあし》」**です。1本で1分間の動きを示す**「1分足」**、5分間の**「5分足」**といった変則型もあります。

●ローソク足からなにが読めるか

ローソク足からは**始値《はじめね》、終値《おわりね》、高値《たかね》、安値《やすね》**の4つの株価を読み取ることができます。まずは日足で考えてみます。

白いローソク足は「陽線」と呼ばれ、1日を通して株価が上昇したことを表します。太い四角線**（実体）**の下の部分が1日の取引開始値である「始値」、上の部分は終了値である「終値」。白いローソク足は、下の始値から上の終値に向けて、株価がグンと上に伸びたことを意味しています。

実体よりも上下にハミ出している細い線を、通称**「ヒゲ」**と呼びます。上にハミ出ているヒゲは1日のうちで一番株価が高かった「高値」、下のヒゲは一番低かった「安値」を示します。

黒いローソク足は「陰線」と呼ばれ、1日を通して株価が下落したことを表します。陽線とは逆に、実体の上部が始値、下部が終値。上の始値から下の終値に向けて、株価がストンと下がったことを表しています。

僕のチャートのローソク足は赤と青だよ
色は自由に変えられるんだよ

ローソク足の見方を知ろう

白いローソク足

**白いローソク足（陽線）は、
株価が上昇して終わったことを表す**

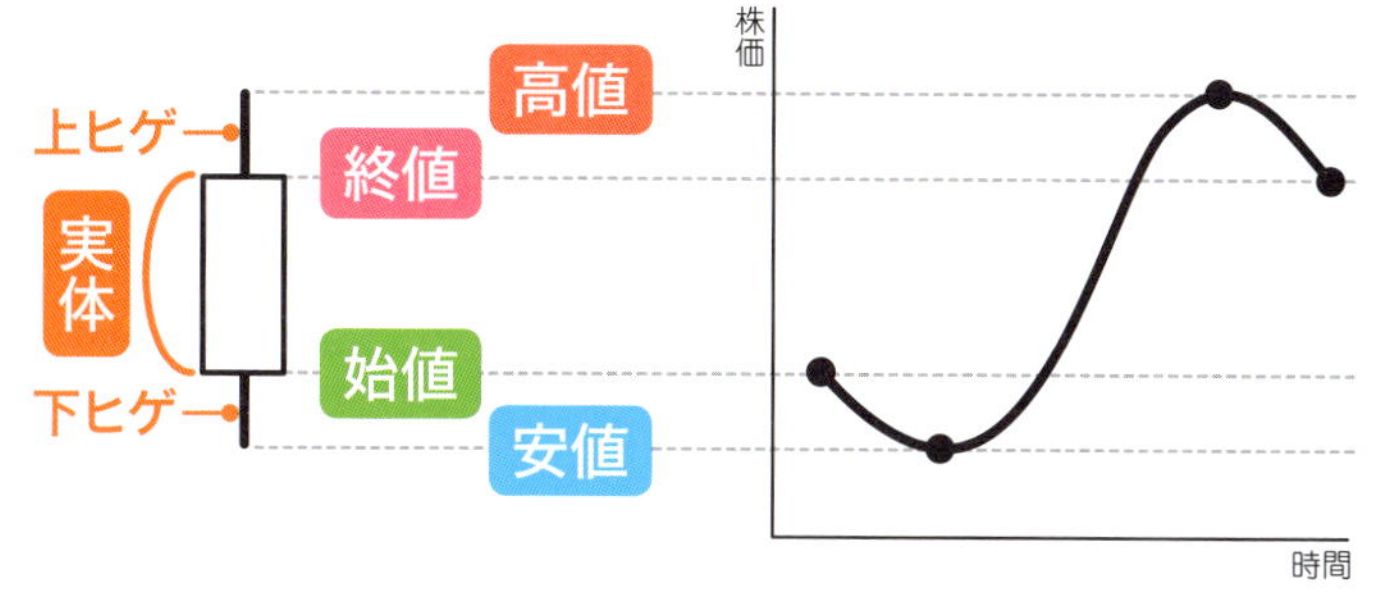

黒いローソク足

**黒いローソク足（陰線）は、
株価が下落して終わったことを表す**

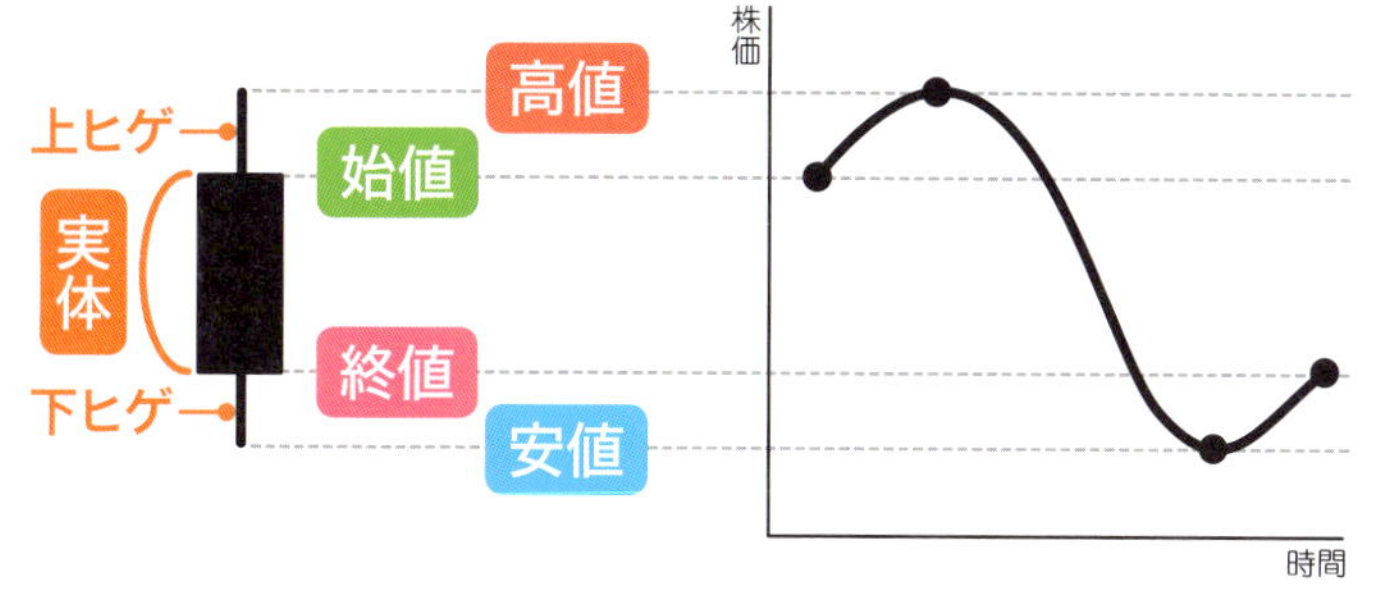

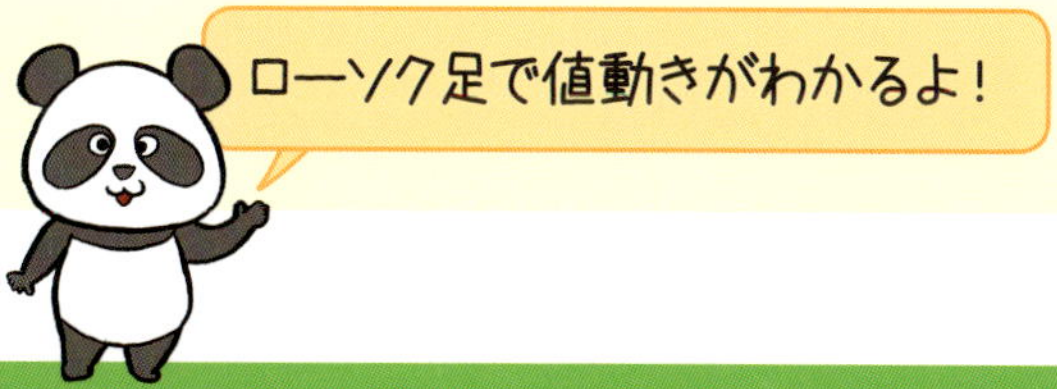

02

売り買いのシグナルが現れる

ローソク足で売買タイミングを見極める

○ローソク足が示すサインとは？

ローソク足はさまざまなことを教えてくれます。たとえば**長い陽線**が出たときは、実体の部分が長いほど、下部の始値と上部の終値が離れますから、**株価が大きく上がり、買いの勢いがとても強い**ことを表します。逆に**長い陰線**なら**売りの勢いが強く、株価が一気に下がった**ことを示します。

実体が短い場合はどうでしょう。このときはほとんど値動きしなかったということですから、**売りと買いが拮抗**していることがわかります。

実体が短く、ヒゲだけ上下に伸びている場合は、**長い上ヒゲの陽線**なら、始値から大きく上げて高値をつけた後、買いが続かず、最後は伸び悩んで終えた、ということ。**長い下ヒゲの陰線**なら、始値から大きく下げて安値をつけた後、買いが入り、始値付近に戻して終えた、ということです。

○ローソク足は現れる位置も重要

株価下落が続いた後に、長い陽線が現れたらどうでしょうか。売られ続けたところで大きな買いが入ったということですから、株価が反転して上向く**買いのシグナル**と読めます。

一方、株価上昇が続いた後に、長い陰線が現れた場合、買われ続けたところで大きな売りが入ったので、株価が反落する**売りのシグナル**と読めます。

また株価が高値圏にあるか、安値圏にあるかによっても、現れたローソク足のシグナルは変化します。

ローソク足はいろんなシグナルを発してるね

相場のすべてが詰まっている、といってもいいね

ローソク足からわかること

●実体が長い

上昇（下落）の勢いが強い

●実体が短い

ほとんど値動きしなかった

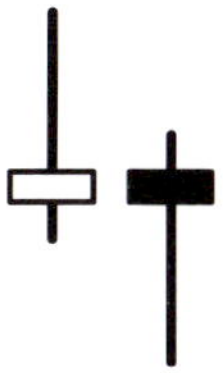

●長いヒゲ

上ヒゲが長い

……一時は買われたが買い続かず

下ヒゲが長い

……一時は売られたが値を戻した

●下落トレンドの中の大陽線

ひとまず売りは一段落

買いシグナル

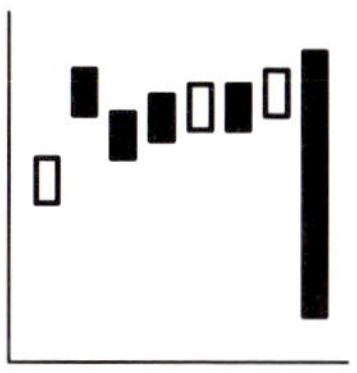

●上昇トレンドの中の大陰線

買いが一段落

売りシグナル

ローソク足の組み合わせ

マド・ヒゲで〝勢い〟を読もう

ローソク足は、複数の足を組み合わせると、より深く相場を読めます。図とともに見てください。

【ローソク足に隙間がある】

陽線と陽線の間に隙間（①）……上昇の翌日、前日終値よりも大きく上昇してはじまり、そのまま上げ続けて終えたときできる。

陰線と陰線の間に隙間（②）……下落翌日、前日終値より大きく下げてはじまり、下げ続けて終えたときできる。

【突然出現した大陰線・大陽線】

陽線翌日の大陰線（③）……上昇翌日、前日の勢いで高くはじまったが、その後は売り一辺倒。前日安値より下げて終えたときに出る。

陰線翌日の大陽線（④）……下落翌日、さらに下げてはじまったが、その後は買いが入り、前日高値より上で終えたときに出る。

【突然出現した小陰線・小陽線】

大陽線翌日の小陰線（⑤）……大上昇の翌日、やや売りが出はじめたが、前日の値動きの範囲内であるときに出る。

大陰線翌日の小陽線（⑥）……大幅安の翌日、やや買いも出はじめたが、前日の範囲内であるときに出る。

【突然出現した長いヒゲ】

下落継続後の長い下ヒゲ（⑦）……下落翌日、一時的には大きく売られたが、最後は戻して終えたときに出る。

上昇継続後の長い上ヒゲ（⑧）……上昇翌日、一時的に大きく買われたが、最後まで買いが続かなかったときに出る。

いろんな組み合わせがあるね。覚えきれるかなあ……

マル暗記よりも、どう動いたかを想像するんだ

ローソク足の組み合わせで株価の先行きが読める！

ローソク足に隙間がある

※この隙間をマド（窓）とか、クウ（空）と呼びます。

「マド」を開けるとその方向に加速する（❶、❷）

上昇、下落の勢いがとても強い

突然出現した大陰線・大陽線

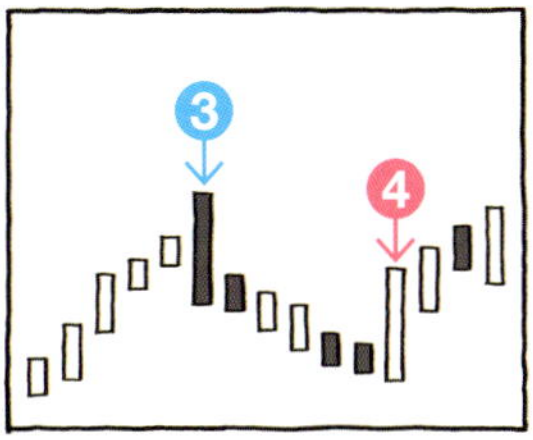

陽線翌日の大陰線は下落に転換（❸）

陰線翌日の大陽線は上昇に転換（❹）

反転のサイン

突然出現した小陰線・小陽線

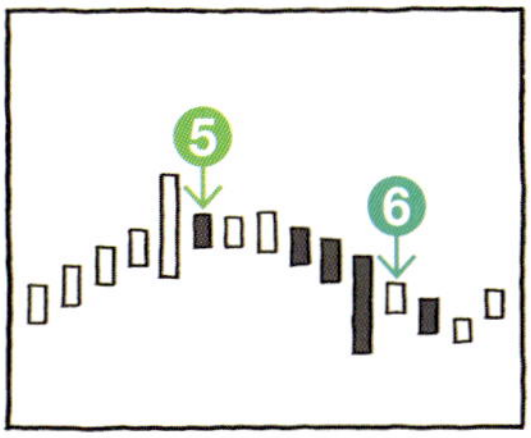

大陽線翌日の小陰線は迷っている（❺）

大陰線翌日の小陽線は迷っている（❻）

迷っていてまだ大きな反転はない

突然出現した長いヒゲ

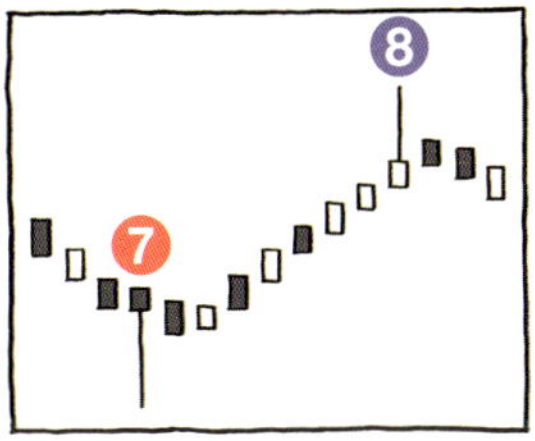

下落継続後の長い下ヒゲは底打ち（❼）

底入れのサイン

上昇継続後の長い上ヒゲは頭打ち（❽）

天井のサイン

04

大きな流れをつかもう

「移動平均線」とは？

○移動平均線で動きの方向性がわかる

株価は一定期間、一定の方向（上・下）へ動き続ける習性があります。これは移動平均線と重ねて見ることでよくわかります。

移動平均線は一定期間の株価終値の平均値を折れ線グラフにしたものです。たとえば5日間の移動平均線なら、まずは当日を含む5日間の終値の平均値を計算。さらに翌日、翌々日……と、ずっと5日間の平均値を出し続け、これらの平均値を結んだものです。

約1カ月平均の25日、75日、100日、200日などの移動平均線もあります。あるいは日足だけでなく、週足や月足に対応した週（月）単位の移動平均線もあります。**短い期間なら短期間の流れ、長い期間なら長期の流れがわかります。**

○移動平均線の読み方

平均線が右肩上がりの軌跡を描いていれば株価は**上昇トレンド**を継続中です。平均線の上昇が止まるまで、そのトレンドは崩れません。逆に、**右肩下がりなら下降トレンド**と判断されます。

複数の平均線を組み合わせれば、株価の動きの細かなアヤもわかります。たとえば25日線が下向きのままでも5日線が上向きになったら、過去1カ月間は下落基調が続いていたものの、ここ数日で持ち直しに転じた……と判断していいでしょう。

チャートに、25MA、75MAって描かれてるよ

MAはMoving Averageの略。
25日、75日の移動平均線のことだよ

移動平均線で今後の動きを読もう

●パナソニックの株価（日足）（18年1月12日～2月7日）

短期間の値動きを知りたいなら ➡ **短期の線を見る**

長期間の値動きを知りたいなら ➡ **長期の線を見る**

5日移動平均線のつくりかた

1日目	2日目	3日目	4日目	5日目	6日目	7日目
500円	508円	498円	480円	511円	501円	505円

平均499.4円（1～5日目）

平均499.6円（2～6日目）

平均499.0円（3～7日目）

これらの平均値を線で結んで
5日移動平均線はつくられる！

05 チャンスを逃すな ゴールデンクロス、デッドクロスで変化をキャッチ！

「ゴールデンクロス」は買いのサイン

短期の移動平均線と長期の移動平均線が交差することを**「クロス」**といい、ここから売買のタイミングを探る方法があります。

たとえば、13週線が26週線を下から上に突き抜けた場合は、過去半年間よりもここ3カ月の方が株価の上昇の勢いが強い、ということ。いままでの下降、横ばいが終わって、新たに上昇トレンドがはじまったことを意味します。

期間の短い線が長期の線を上に抜くことを「ゴールデンクロス」といい、買いどきのサインとされます。

「デッドクロス」は売りのサイン

反対に13週線が26週線を上から下に抜いたら、ここ3カ月の動きは過去半年間よりも弱い、ということ。上昇、横ばいが終わり、新たに下降局面に入ったということです。

短期線が長期線を下に抜くのは「デッドクロス」といい、売りどきのサインとされます。

この2つはポピュラーな指標のため、チャート上でゴールデンクロスが実現しそうになると、先回りした買い注文が増えて株価が上昇し、デッドクロスが出そうなら株価が下落する、ということがよくあります。

買いどきならゴールデン(黄金)、
売りどきならデッド(死)。わかりやすいね

短期の売買なら5日線と25日線の交差に注目、
長期なら13週と26週の交差を見よう

「クロス」を見逃すな！

株価上昇のサイン

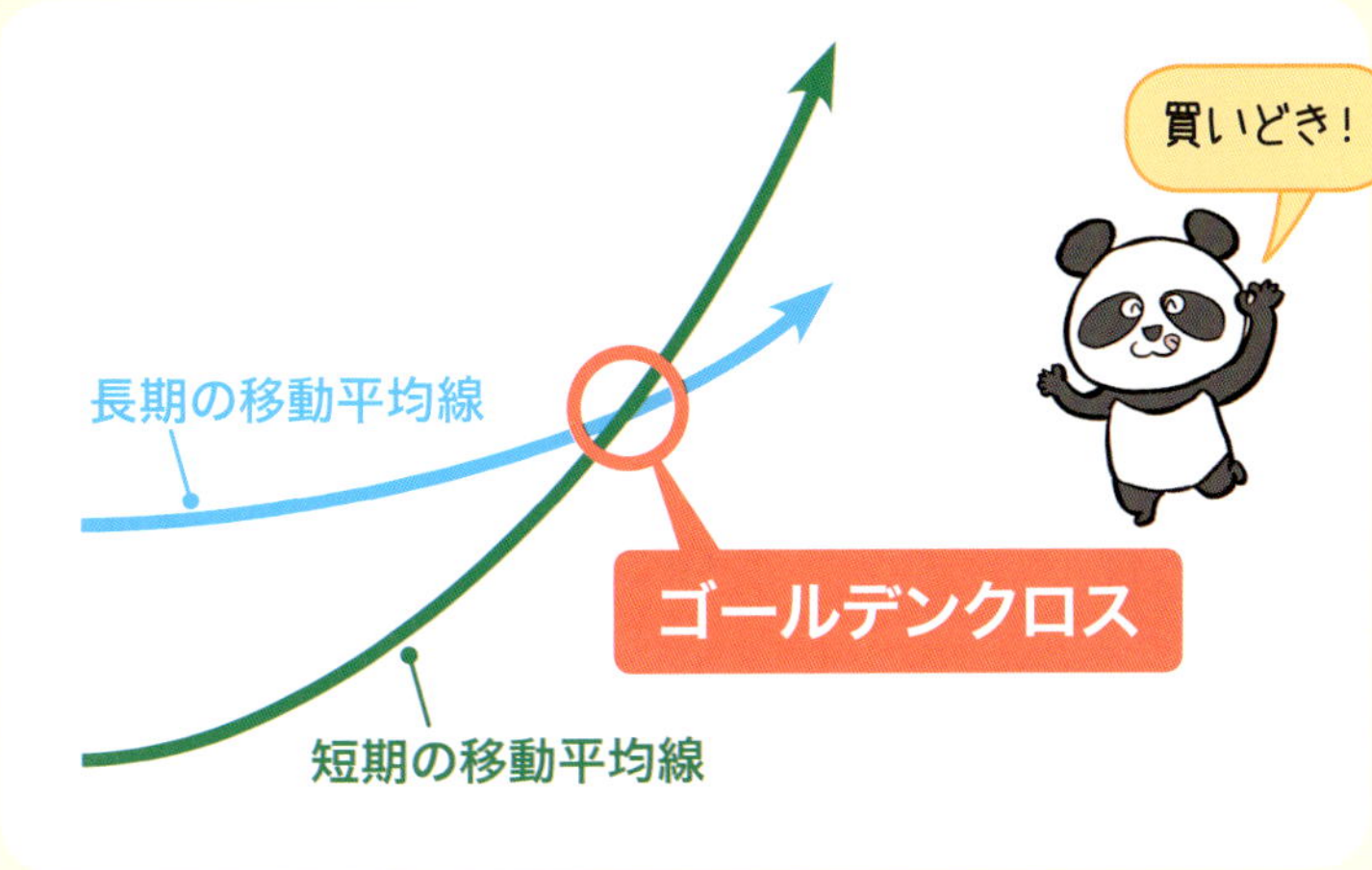

株価下落のサイン

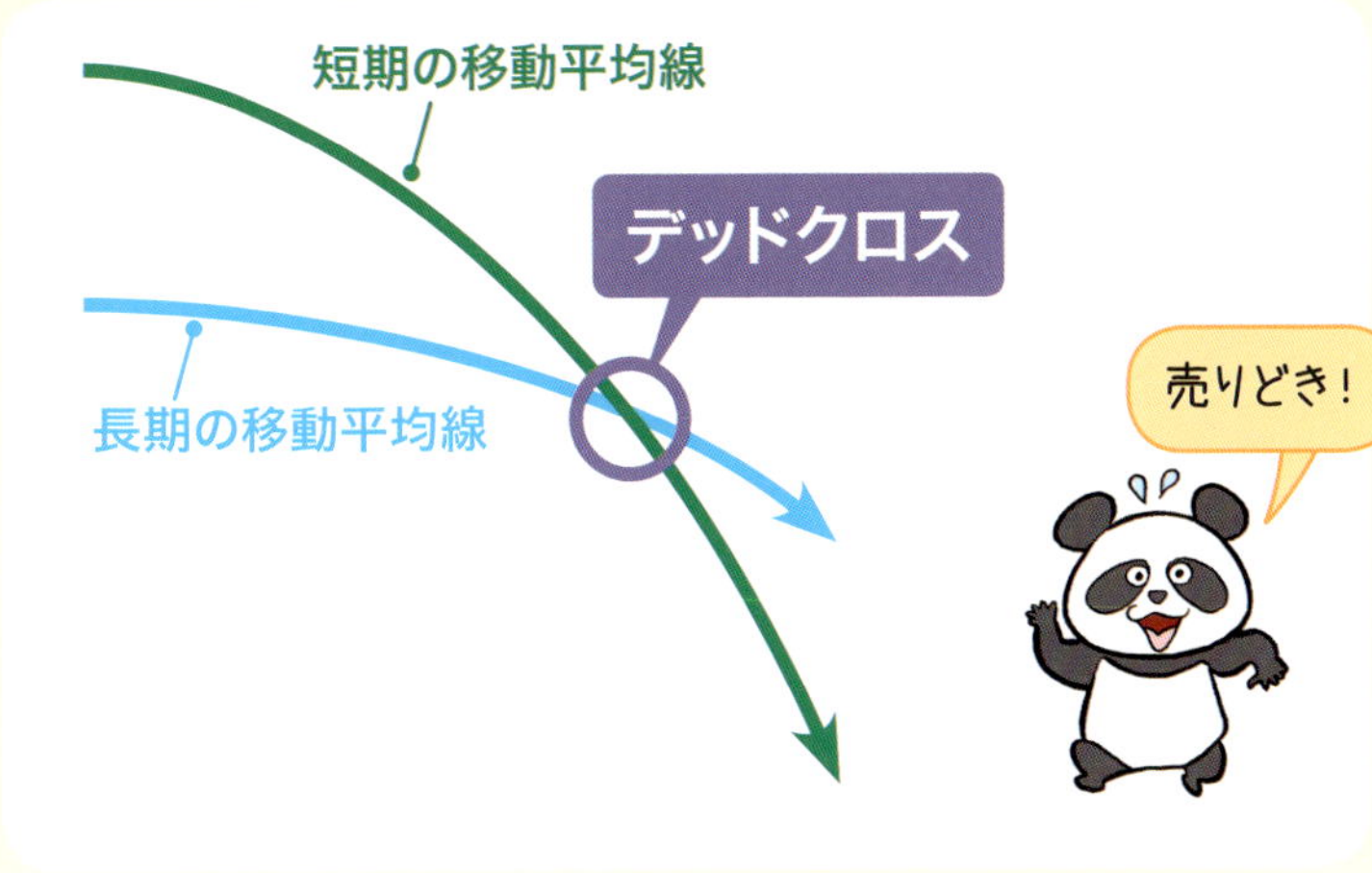

「グランビルの法則」で買いどき・売りどきがわかる

グランビルの法則とは？

株価と移動平均線を組み合わせて、**売りどき、買いどきを見つけるのが「グランビルの法則」です。**この法則では、買いどきと売りどきのサインがそれぞれ4カ所ずつあります。左の図と一緒に見てください。

【買いどき】

①……重要な買いのチャンス。

②……平均線は上向きなので、直近の下落は一時的な調整局面と考える。安く買えるチャンス。

③……上昇基調に変化なし、で買いのチャンス。

④……平均線から離れすぎた株価は平均線に戻ろうと反発する力があるので、ここは短期狙いで買いのチャンス。

【売りどき】

⑤……①の逆。重要な売りのチャンス。

⑥……②の逆。平均線は下向きなので、この上昇は一時的な戻りと見る。高く売るチャンス。

⑦……③の逆。下落基調に変化なし、で売りチャンス。

⑧……④の逆。平均線から離れすぎで、この後反落する可能性が高いので売りどき。

グランビルってなに？　8カ所もポイントがあるの？

この法則を考えた人の名前だよ。売りと買いが逆なだけだから、4つ覚えれば応用できるんだ

グランビルの法則で見る「買いどき」「売りどき」8つのサイン

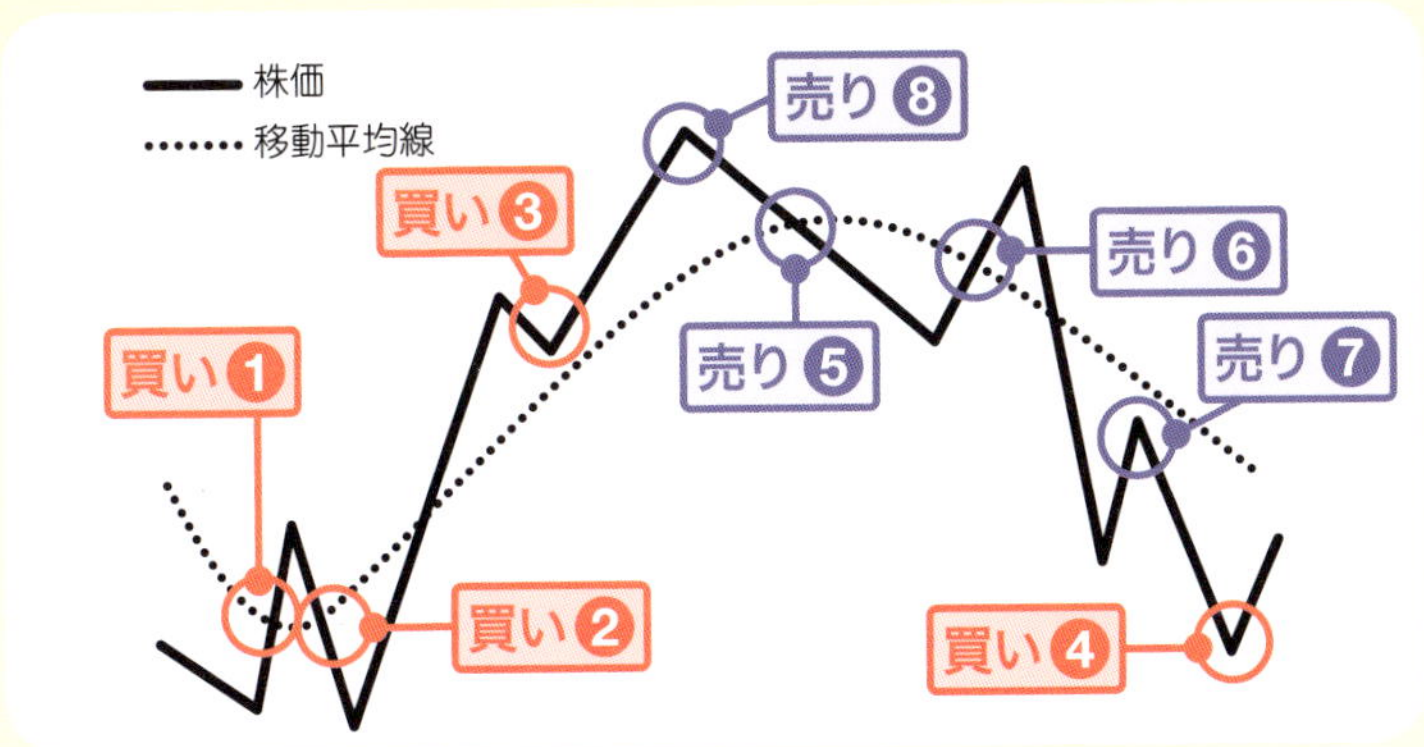

買いどき

① 移動平均線が上向きか横ばい、株価も上向きで株価が移動平均線を下から上に抜いたとき

② 移動平均線が上向きを保っているところで株価が平均線を下抜いたとき

③ 移動平均線を上回っていた株価が下がってきたが、平均線を下回らずに再び上向いたとき

④ 下げ続ける移動平均線を株価が下抜き、さらに大きく下離れたとき

売りどき

⑤ 移動平均線が横ばいか下向いたところで、株価が平均線を下抜いたとき

⑥ 移動平均線が下がっているところで株価が平均線を上抜いたとき

⑦ 移動平均線を下回っていた株価が上がってきたが、平均線を上抜けずに再び下向いたとき

⑧ 上げ続ける移動平均線を株価が上抜き、さらに大きく上離れたとき

07

“ヤル気”がわかる「出来高」で活況度を読もう

出来高とは?

株の動きを見るときは、値動きだけでなく、**「出来高」**もチェックしましょう。出来高は「○○万株」と株数単位で表示され、**その日にどれだけの株数が売買されたかを示します。**

出来高が多いというのは取引が活発に行われているということですから、その株が買いの人気を集めている証拠。出来高が少ない不人気の株は、下落、あるいは底値横ばいとなるのが一般的です。

出来高と株価の関係を見よう

左の図のように、出来高と株価の関係を見ると、**「株の一生」**ともいえるサイクルがわかります。ぜひ頭に入れておきましょう。

①ここが最高の買いどき!
②ここもまだ買いどき。
③ここでもまだ買い継続。
④新規の買いは見送り、そろそろ売りを考える。
⑤ここが最高の売りどき!
⑥早く売りましょう。
⑦売り継続。
⑧なにか新しい材料があるのかもしれないので、売りは見送り、買うタイミングを考えるとき。

「出来高は株価に先行する」という相場格言がありますが、株価が動きはじめる前に出来高が増えてくることに注目しましょう。

出来高も重要な情報なんだね

株価が身長だとしたら、出来高は体重。両方がバランスよく増えれば、しっかりした上昇だね

“ヤル気”がわかる「出来高」で活況度を読む

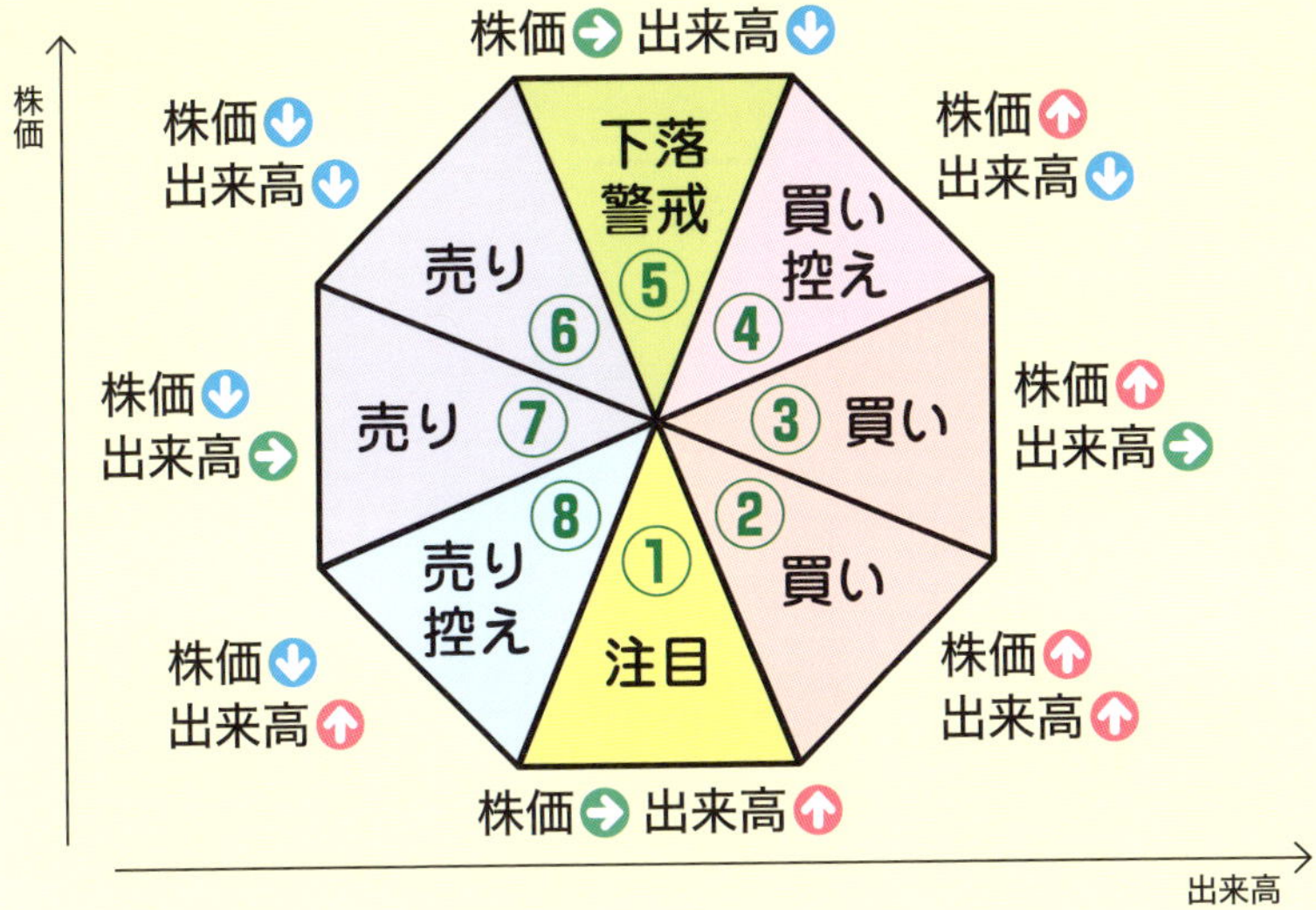
株価
出来高
株価→ 出来高↓
下落警戒 ⑤
株価↑ 出来高↓
買い控え ④
株価↑ 出来高→
③ 買い
株価↑ 出来高↑
② 買い
株価→ 出来高↑
① 注目
株価↓ 出来高↑
⑧ 売り控え
株価↓ 出来高→
売り ⑦
株価↓ 出来高↓
売り ⑥

①株価は底ばい・出来高増加
……なんらかの上昇材料が見つかり一部の人が買いはじめたが、まだ多くの人は知らず株価が底ばいの状態

②株価上昇・出来高増加
……多くの人が注目しはじめ、取引が活発化。株価も上昇トレンドに入った状態

③株価上昇・出来高横ばい
……株価上昇は続くが、取引はもう増えなくなっている状態

④株価上昇・出来高減少
……株価は上昇しているが、取引をやめる人も出はじめた状態

⑤株価は頭打ち・出来高減少
……取引は減るが、まだ値を保っている状態

⑥株価下落・出来高減少
……取引はどんどん減り、株価も下落トレンド入りしている状態

⑦株価下落・出来高横ばい
……取引は減るところまで減り、株価も落ちる一方な状態

⑧株価下落・出来高増加
……株価は下がっているが、取引する人が増えはじめた状態

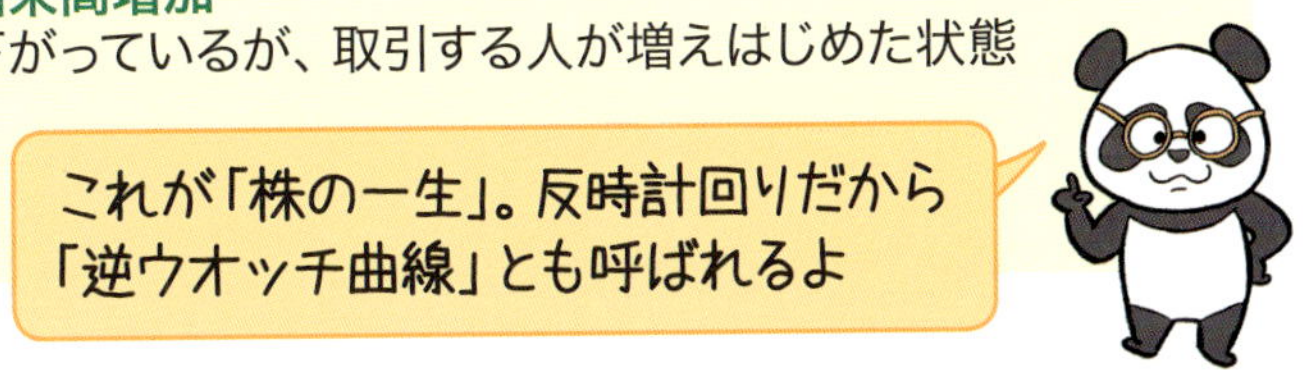
これが「株の一生」。反時計回りだから「逆ウオッチ曲線」とも呼ばれるよ

08

今後の動きを読む

「フィボナッチ比率」で値動きの節目を読む

●フィボナッチ比率とは？

いったん底や天井を打った株価が今後どう動くか……。投資家なら誰でも気になるところですよね。下落途中で反転して戻すところ（戻り）や上昇した相場が反転して下落するところ（押し）、それぞれの節目を見抜くために便利なのが、**「フィボナッチ比率（黄金比）」**です。フィボナッチはイタリアの数学者の名前。自然界や建造物で人間が「美しい」と感じるものは、縦と横の比が**1対1・618**で構成されている、という法則（？）を発見した人です。

●株価を「比率」で予測する!?

これを株価チャートに当てはめたのが左図です。

1対1・618の法則に基づき、基準となる株価から見て、プラスマイナス61・8%、プラスマイナス38・2%（100%−61・8%）がそれぞれ値動きの節目になります。

たとえば、直近の高値が2000円で現在の株価が1000円。この1000円を底と仮定すると、戻りの節目は1382円と1618円。これらのラインを上に抜ければ本格的な上昇局面、抜けなければ弱い相場がしばらく続くと考えます。

逆にもし直近の安値が1000円で現在の株価が2000円。この2000円を天井と仮定すると、押しの節目は1618円と1382円。このラインを下に抜ければ本格的な反落局面、下げ止まれば今後の反発が期待できるというわけです。

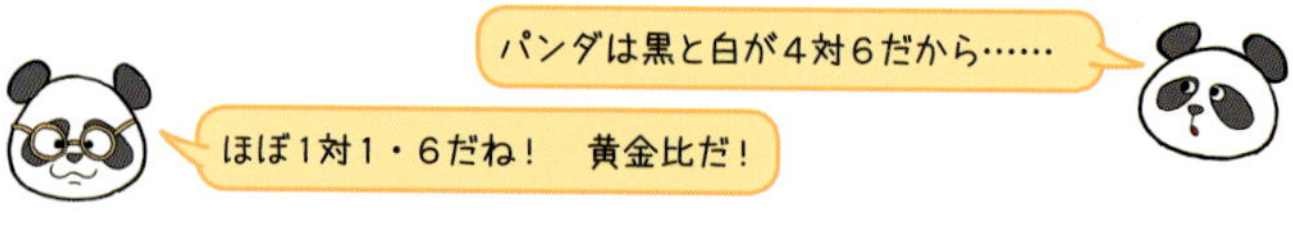
パンダは黒と白が4対6だから……
ほぼ1対1・6だね！　黄金比だ！

「1：1.618」で株価の節目を読む

●直近の高値が2000円、現在の株価が1000円の場合

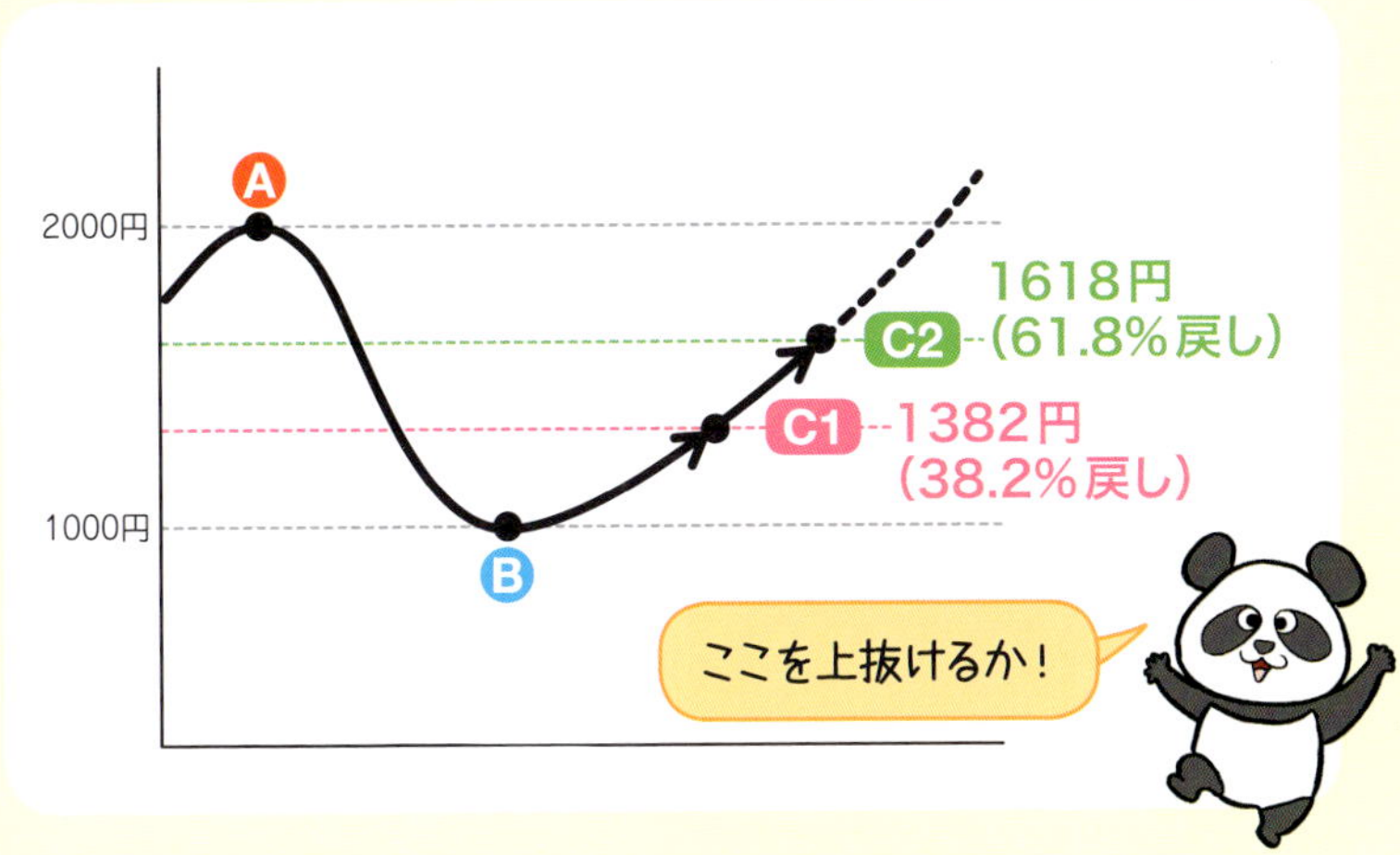

●直近の安値が1000円、現在の株価が2000円の場合

第5章

株でぜったい負けないための必勝スキル

01

株価指数はバロメーター

「日経平均株価」「ＴＯＰＩＸ《トピックス》」で市場の「空気」を感じ取ろう

株価指数で流れをつかもう

株式市場全体の動きを示すのが**「日経平均株価」**や**「ＴＯＰＩＸ」**（東証株価指数）のような**株価指数**です。指数の変動を見ていれば、市場全体が**上向きなのか、下向きなのか、大まかな流れをつかむことができます。**

日経平均株価は、日本を代表する２２５社の株価を平均して計算し、「２万４０００円50銭」などと**金額で表示**されます。円銭表示なのでなじみやすく、最もポピュラーですが、日経平均はファーストリテイリングやファナックなど、株価水準が高い銘柄の影響を受けやすくなっています。

毎日かかさずチェックして方向性を知る

一方、ＴＯＰＩＸは東証1部全銘柄の時価総額をもとに「１８９０・40」などと**ポイントで表示**されます。トヨタや三菱ＵＦＪフィナンシャル・グループ、ＮＴＴなど、時価総額の大きい銘柄の動きを反映しやすいのが特徴です。

新興市場にも、**東証マザーズ指数**や**日経ジャスダック平均株価**といった指数があります。

日経平均とＴＯＰＩＸは日々のニュースでも必ず伝えられます。市場全体の方向性を見失わないよう、**毎日欠かさずチェック**しましょう。

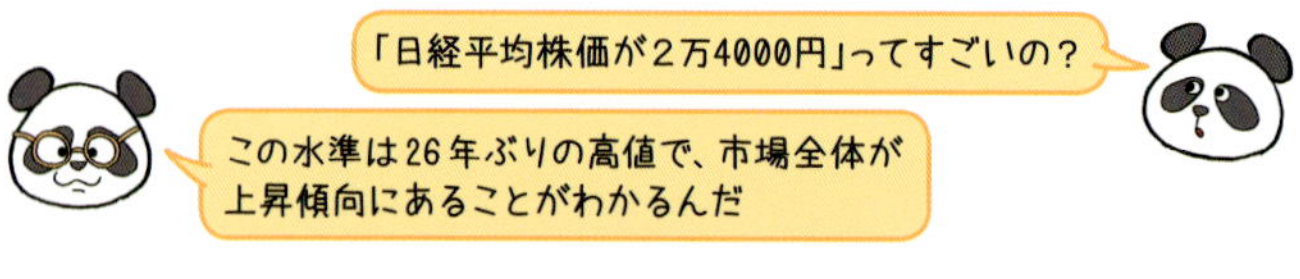

「日経平均株価が２万4000円」ってすごいの？
この水準は26年ぶりの高値で、市場全体が上昇傾向にあることがわかるんだ

日経平均の推移を見よう

●日経平均（月足）

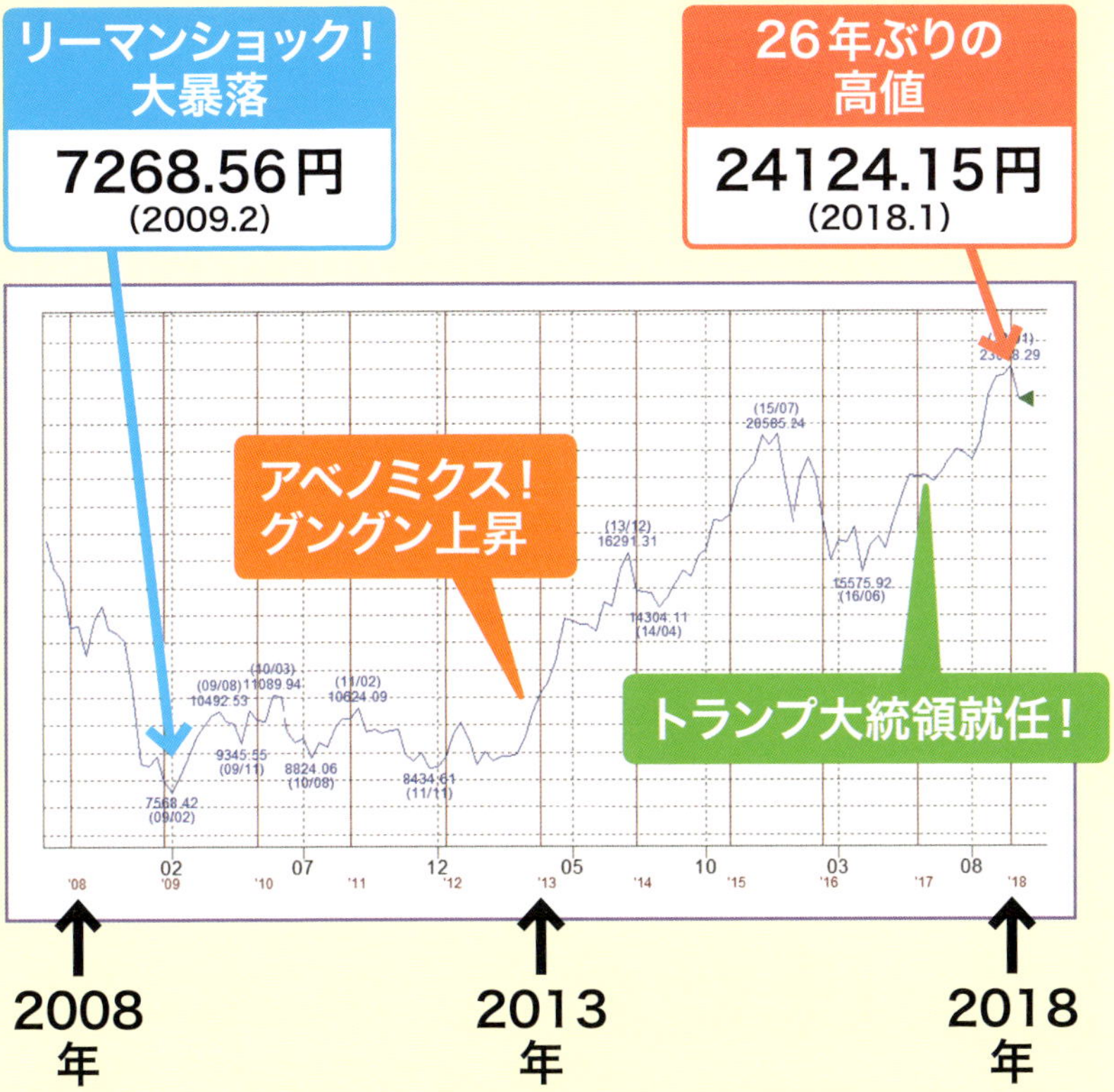

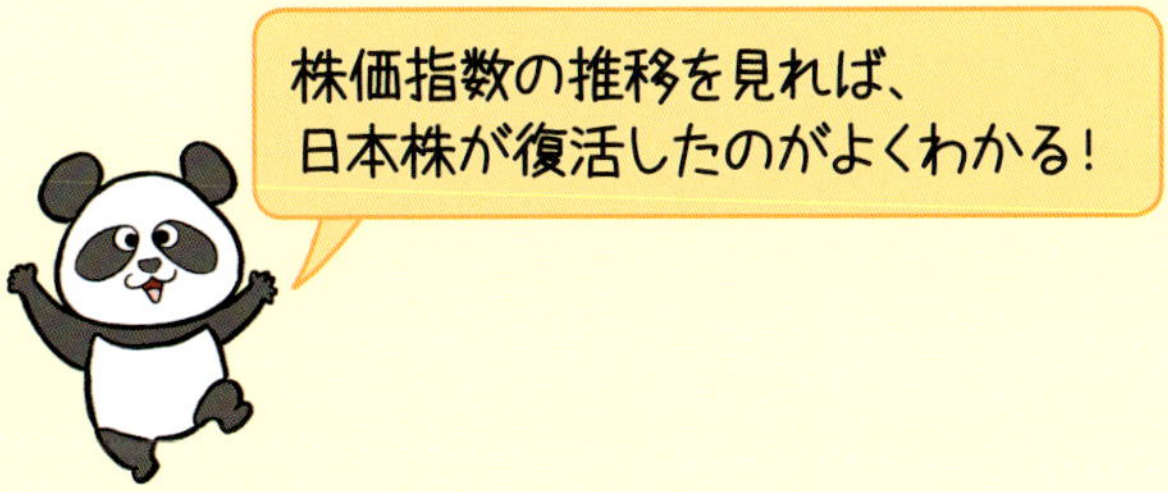

会社の発表情報は必ずチェックしよう

どこでなにを見ればいいのか

会社は必要に応じて、さまざまな情報を発表します。**決算数字**や、**新商品の開発**、**他の会社との業務提携**などなど……。いずれも会社の業績に反映され、株価に関係してきますので、見落とさないようにしましょう。

上場企業の多くはホームページを開設しており、発表はここで行われることが多いので、まずはホームページをチェックしましょう。

たいていはページ内に**「IRコーナー」「株主・投資家情報」「株主・投資家のみなさまへ」といったコーナー**があり、ここで決算や事業計画、役員人事など、経営上の重要な事項が告知されます。

株価に影響を与えそうな重要事項が発生した場合、会社はすぐに証券取引所に報告する義務があり、各社の情報は東証の**「適時開示情報閲覧サービス（TDネット）」**で一覧できます。

要注意チェック項目とは？

TDネットは取引時間中もリアルタイムで更新され、更新を受けて株価が急に変動することもあるため**要注意**です。

会社の情報のなかでも特に重要なのは、年に4回発表される**四半期決算**と、決算と同時に発表される**業績や配当金の見通し**です。発表直後は値動きが大きくなる傾向が強いので、保有銘柄や気になっている銘柄の決算発表日がいつなのか、あらかじめ調べておきましょう。

この株、今日になって急に上がってる！
昨日の取引終了後、決算発表したせいだよ。会社側の発表は見落とさないように。情報を制するものが相場を制するんだから！

チェックすべき会社の情報とは？

会社が発表する情報

- 決算、業績関連の数字
- 新商品開発、新サービス開始
- 他の会社との業務提携、経営陣の交代
- 新工場建設、海外進出など新たな試み
- 製品トラブル、不祥事　……など

●東証のTDネット（適時開示情報閲覧サービス）

TDnet 適時開示情報閲覧サービス
Company Announcements Disclosure Service

公開日 選択してください　適時開示情報検索へ　お知らせ　最終更新日時：2018年02月09日 13:30　更新

2018年02月09日 に開示された情報　1~100件 / 全125件

時刻	コード	会社名	表題	XBRL	上場取引所
13:30	18840	日道路	平成30年３月期 第３四半期決算短信〔日本基準〕（連結）	XBRL	東
13:30	18840	日道路	役員及び社員の人事異動並びに組織改正に関するお知らせ		東
13:30	19520	新日空調	平成30年3月期 第3四半期決算短信〔日本基準〕（連結）	XBRL	東
13:30	19520	新日空調	自己株式取得に係る事項の決定に関するお知らせ		東
13:30	19520	新日空調	役員等の異動に関するお知らせ		東
13:30	43510	Ｊ－山田債権	業績予想と実績値との差異に関するお知らせ		東
13:30	43510	Ｊ－山田債権	平成29年12月期 決算短信〔日本基準〕（連結）	XBRL	東
13:30	46560	Ｊ－サン・ライフ	平成30年３月期第３四半期決算短信〔日本基準〕（連結）	XBRL	東
13:30	63920	ヤマダコーポ	平成30年3月期第3四半期決算短信〔日本基準〕（連結）	XBRL	東
13:30	63920	ヤマダコーポ	業績予想の修正に関するお知らせ	XBRL	東
13:30	64170	ＳＡＮＫＹＯ	2018年３月期第３四半期決算説明会		東
13:30	93050	ヤマタネ	連結子会社の商号変更に関するお知らせ		東
13:30	93050	ヤマタネ	機構改革並びに役員等の異動に関するお知らせ		東

四半期決算や、決算と同時に発表される
業績や配当金の見通しは
チェックもれがないように気をつけること

03

新聞・テレビも株価を動かす

新聞、テレビからも情報を手に入れよう

新聞、テレビの影響力も大きい！

新聞、テレビが報じるニュースも株価を大きく動かします。

たとえば2018年1月15日、日本経済新聞朝刊が「ソフトバンクグループが携帯電話子会社を年内に上場する」と報道しました。これは会社側の正式発表ではなく、あくまでも日経新聞の独自取材による観測的な記事です。

会社側は、取引開始前の午前8時に「正式決定した事実はない」とのコメントを発表しましたが、市場では取引開始と同時に、このソフトバンクグループ株に買い注文が集中。結局、この日の株価は前日に比べ3・2%も上昇しました。

常に情報を気にすることが大事

株式市場には、**「噂で買ってニュースで売れ」**という格言があります。一部のメディアで報じられた時点で一斉に売買が行われ、その後、**会社側が正式発表した段階ではすでに「戦い」は終わっている**という意味です。

株取引をしている人はたいていニュースに敏感で、「われ先に！」と走り出す人も多いですから、会社側の正式発表だけを見ていると、売りどき、買いどきに乗り遅れてしまうことがあります。新聞、テレビのニュースに対しては、常にアンテナを張っておきましょう。

でもニュースを全部拾うのは大変だなあ

新聞社のインターネットサイトには、会社名を登録しておけば、関連ニュースを自動通知してくれるサービスもあるよ

株価はニュースに敏感！

相場の格言
「噂で買ってニュースで売れ」

ウワサ

会社の正式発表

SNSの「煽り情報」に惑わされない！

ニセ情報に気をつけよう

ツイッターなどのSNS（ソーシャル・ネットワーキング・サービス）を経由した情報が株価を動かすこともあります。

ただ注意しなければいけないのは、**SNSは発信者を特定できない**場合が多いこと。意図的に株価をつり上げたり、下落させるために**ニセ情報**が流されている可能性もあります。

インターネットの株式関連の掲示板や、書き込み型サイトも同様に、根拠のない「煽り情報」が数多く見られます。ですからネットの情報は、信頼に値するかどうか、一度は疑うようにしてください。

公式アカウントをチェックする

SNSのなかで、比較的信頼度が高く、市場への影響力もあるのが、**公人や企業の公式アカウント**です。

2016年の米国大統領選挙で**ドナルド・トランプ氏**が当選して以降、株式市場は同氏のツイッターでの発言に左右される場面が多くなりました。

日本の経営者でも、**楽天の三木谷浩史氏**らはツイッターの個人アカウントで積極的に経営情報を発信しています。自分が持っている銘柄の経営者がSNSを使っているなら、フォローしておくといいかもしれません。

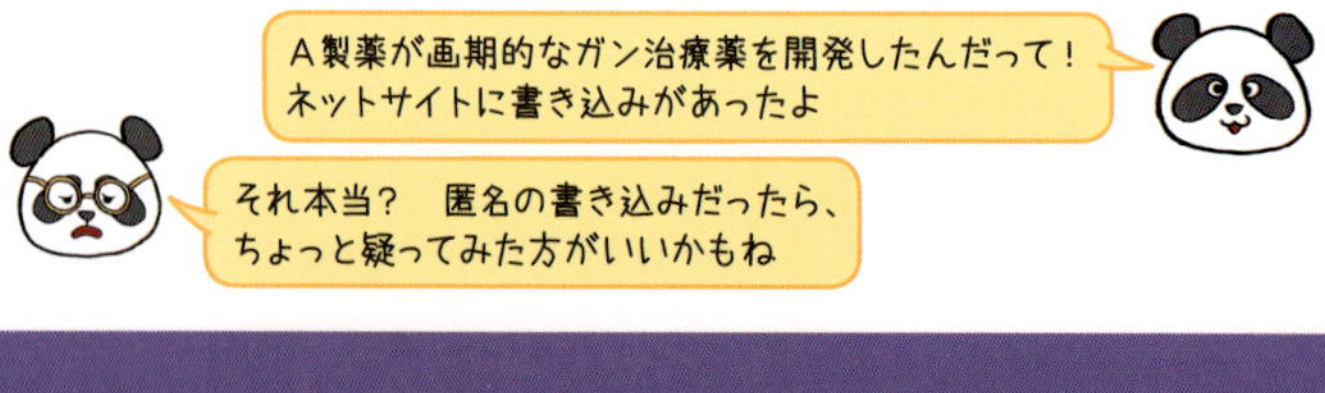
A製薬が画期的なガン治療薬を開発したんだって！　ネットサイトに書き込みがあったよ
それ本当？　匿名の書き込みだったら、ちょっと疑ってみた方がいいかもね

情報の信頼性をたしかめよう

トランプ大統領の“ツイッター爆弾”

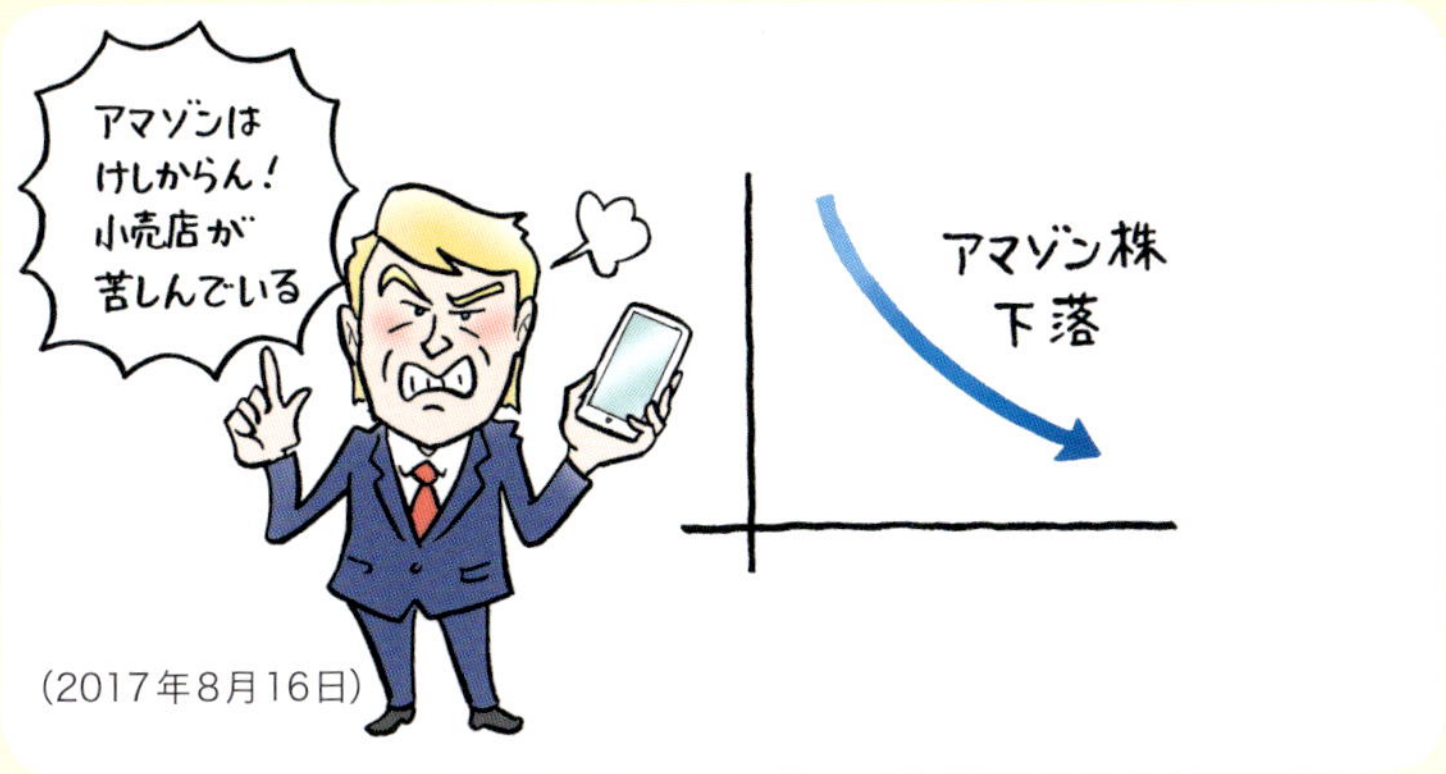

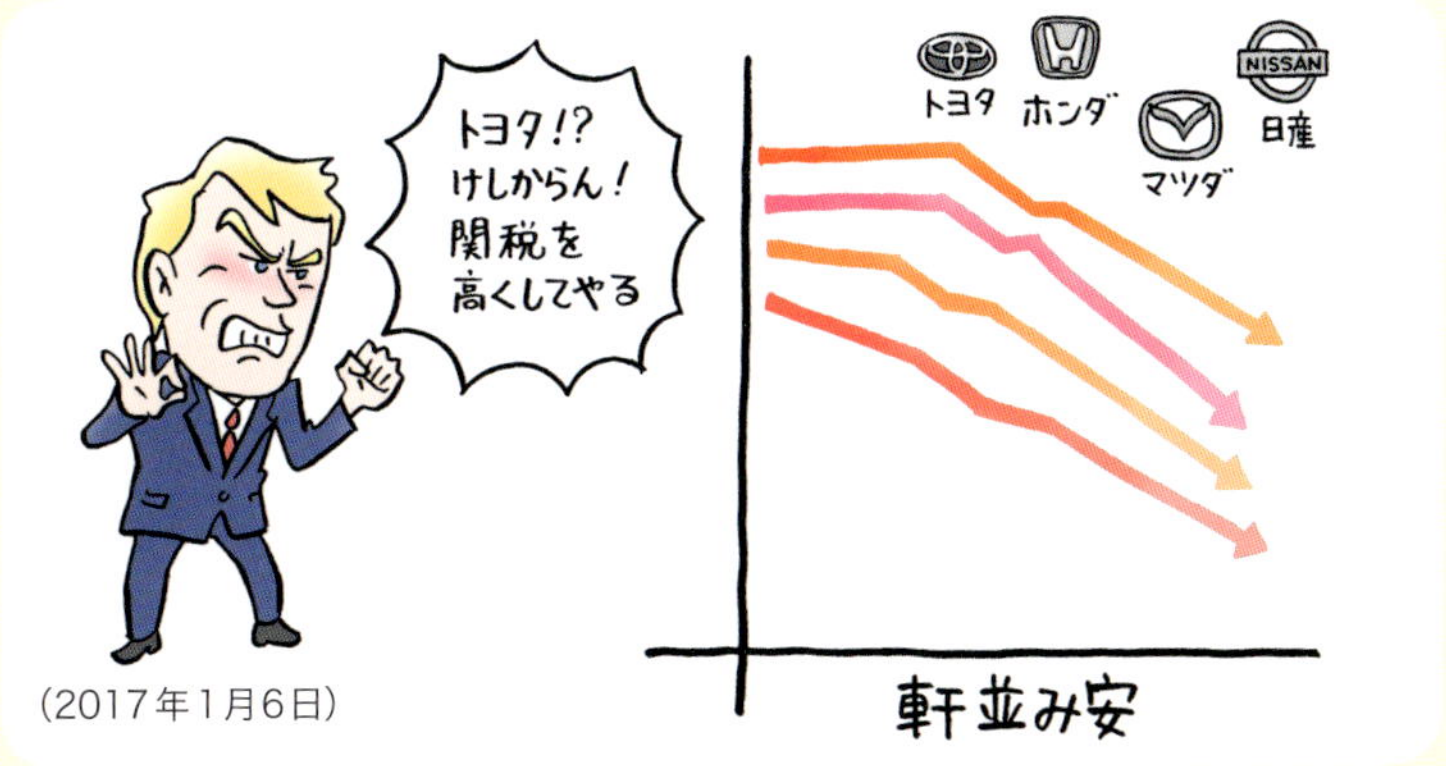

でも
情報の真偽は
必ず自分で
調べよう

05
株高、株安を教えてくれる

「信用残高」で株価の先行きを予想する

○信用残高とは?

ネット証券の銘柄情報を見ていると、必ず**「信用残高」**という記載があります。この信用残高は株式の需給関係に影響し、株価も左右するので、たとえ**信用取引**(122ページ参照)をしない人でも、見方を覚えておきましょう。

信用取引は資金や株券を借りて行いますから、期日までに必ず返済しなければなりません。

信用取引を利用して株を買ったものの、思うように値上がりせず、まだ売れずにいる株が**「信用買い残」**。反対に株を売ったものの、値が下がらずにまだ買い戻せないでいるのが**「信用売り(空売《からう》り)残」**です。そしてこの2つを総称して信用残高といいます。

○信用倍率とは?

信用買い残の株は、期日までに売って現金化し、お金を返済しなければなりませんから、そのうち売られることになります。つまり、信用買い残が多いほど、将来的に売りが発生する可能性が高く、その分、株価は上昇しにくくなります。

一方、信用売り残の場合、いつか株を買い戻して返済しますから、将来的な買いにつながります。売り残が多ければ、買いが発生する可能性が高く、株価は上昇しやすくなります。

信用買い残を信用売り残で割った比率を**「信用倍率」**といいます。この倍率が1倍以下、あるいは2~3倍までなら株価上昇要因とみなされ、これが**あまり高いと上がりにくい**と判断されます。

「信用残」はチェックしないといけないの?

たとえば買い残は将来的な売り要因だから、
これが多いと値上がりしづらいことがわかってトクだよ

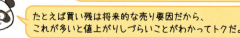

信用残高と株価

信用買い残高と株価

●大林組の場合

信用買い残高は棒グラフ、左目盛り（万株）
株価は折れ線グラフ、右目盛り（円）

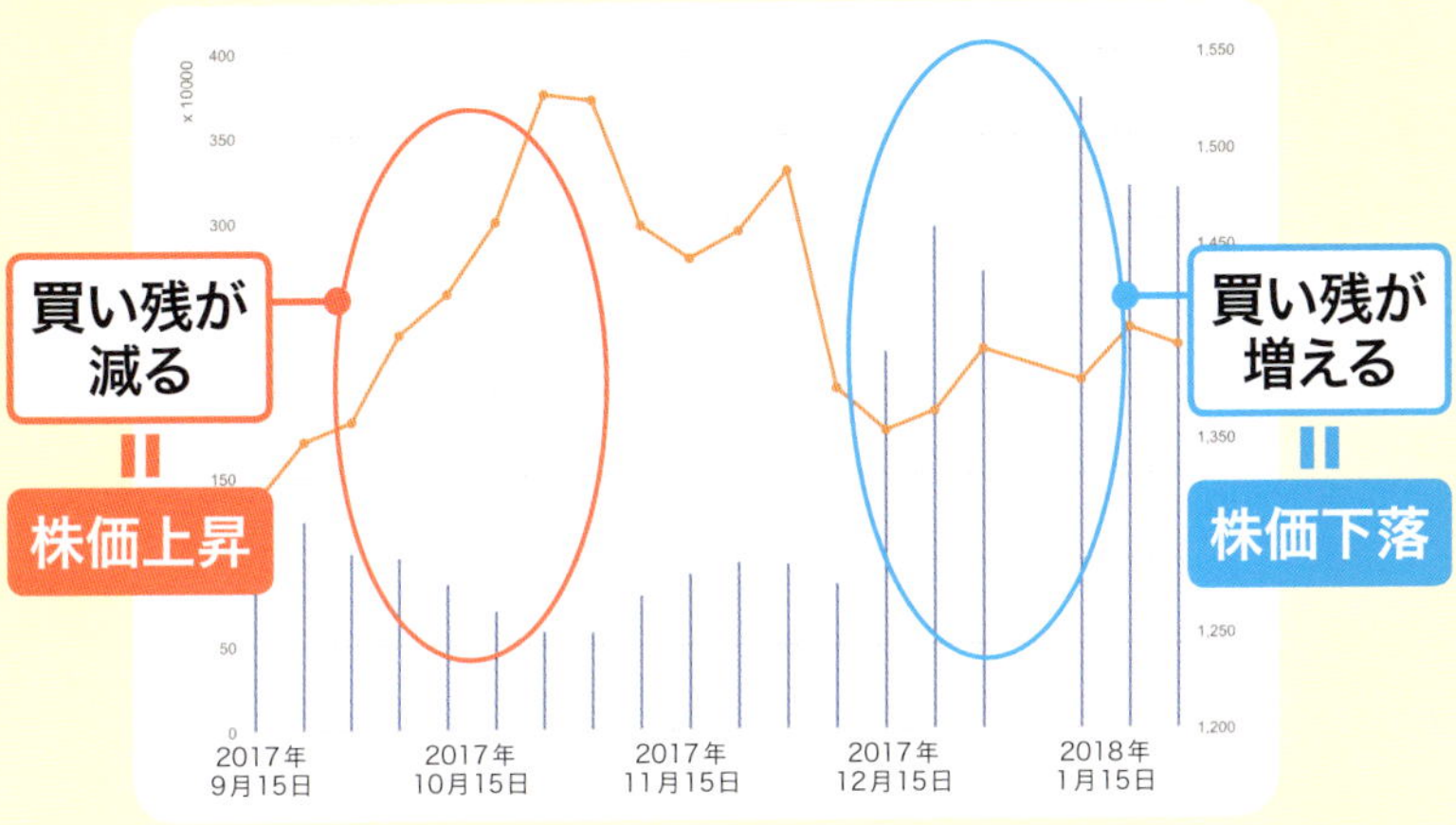

信用売り残高と株価

●三井不動産の場合

信用売り残高は棒グラフ、左目盛り（万株）
株価は折れ線グラフ、右目盛り（円）

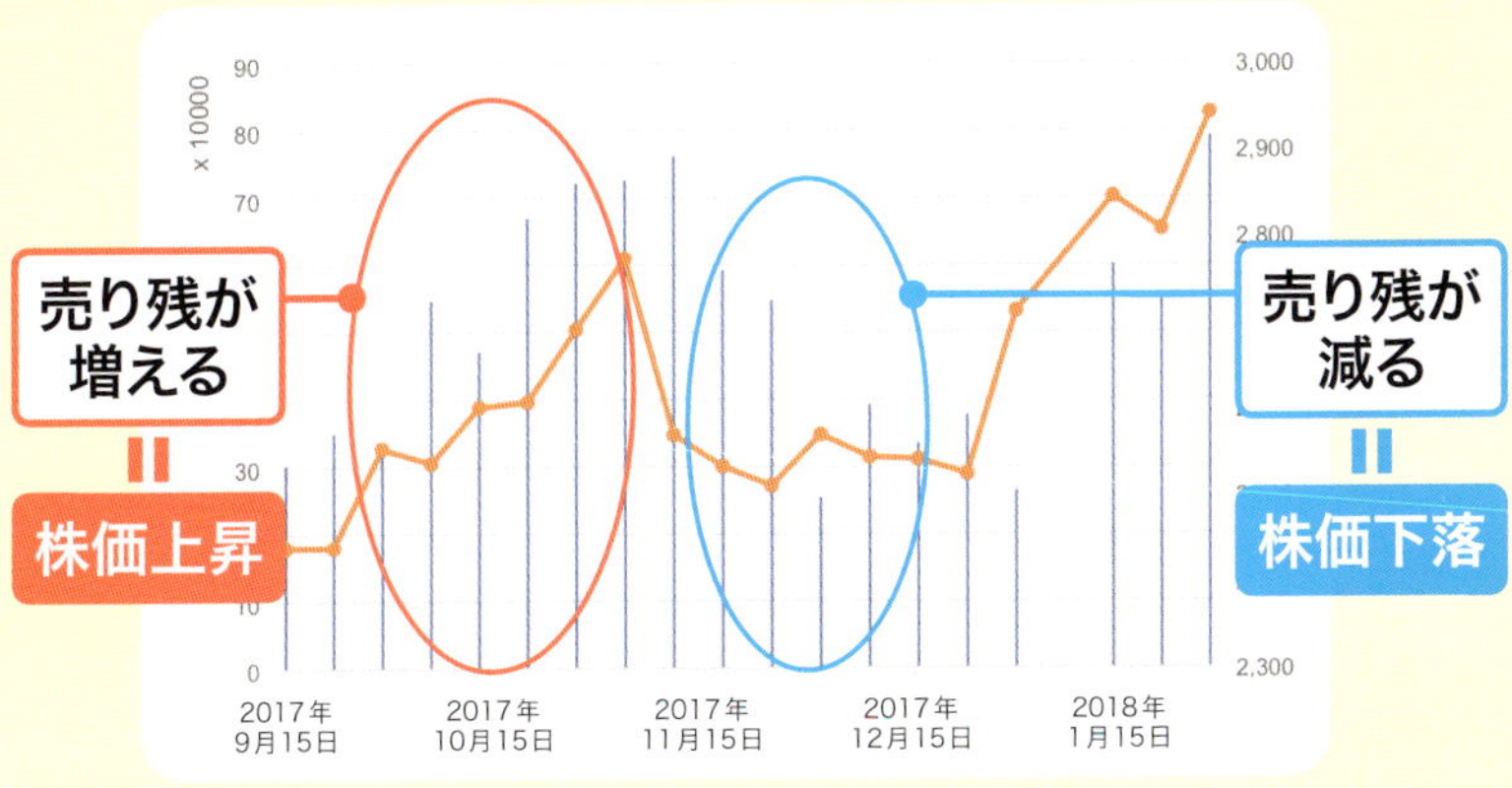

06

リスクが低い投資をしてみる

誰でも買える！ ＥＴＦを買ってみよう

ETFは誰でも買える

「ＥＴＦ（上場投資信託）」は、日経平均株価やＴＯＰＩＸなどの**指数に連動**するように設計された金融商品です。どの株式を組み入れるかの判断はプロに任されていますが、**ＥＴＦそのものは証券取引所に上場されていて、株と同じように誰でも売買できます。**

ＥＴＦは幅広い株式に分散して投資されているため、リスクを低く抑えることができます。たとえば**ＴＯＰＩＸに連動するＥＴＦを買えば、東証1部の全銘柄を持っているのと同じ効果を期待できます。最低購入金額は20万円足らず。それで「市場全体」を購入できるのです。**

1口1000円から買える

株価指数のほかにも、原油価格や金価格に連動するＥＴＦもあり、商品によっては**1口1000円程度で手軽に買えるものもあります。**

ＥＴＦに関して最近話題になっているのが、日本銀行によるＥＴＦの買い入れです。

日銀は２０１０年以降、金融緩和策の一環としてＥＴＦを購入しており、現在も日経平均やＴＯＰＩＸに連動するＥＴＦを年間６兆円程度買っています。１日に７００億円以上買うこともありますから、ＥＴＦ市場はかつてない活況となっています。

「ＥＴＦ」って日銀が買ってるんだね

そうなんだ。でも私たちだって同じように証券会社で買えるんだよ

日銀が買うＥＴＦが株価上昇要因になっている

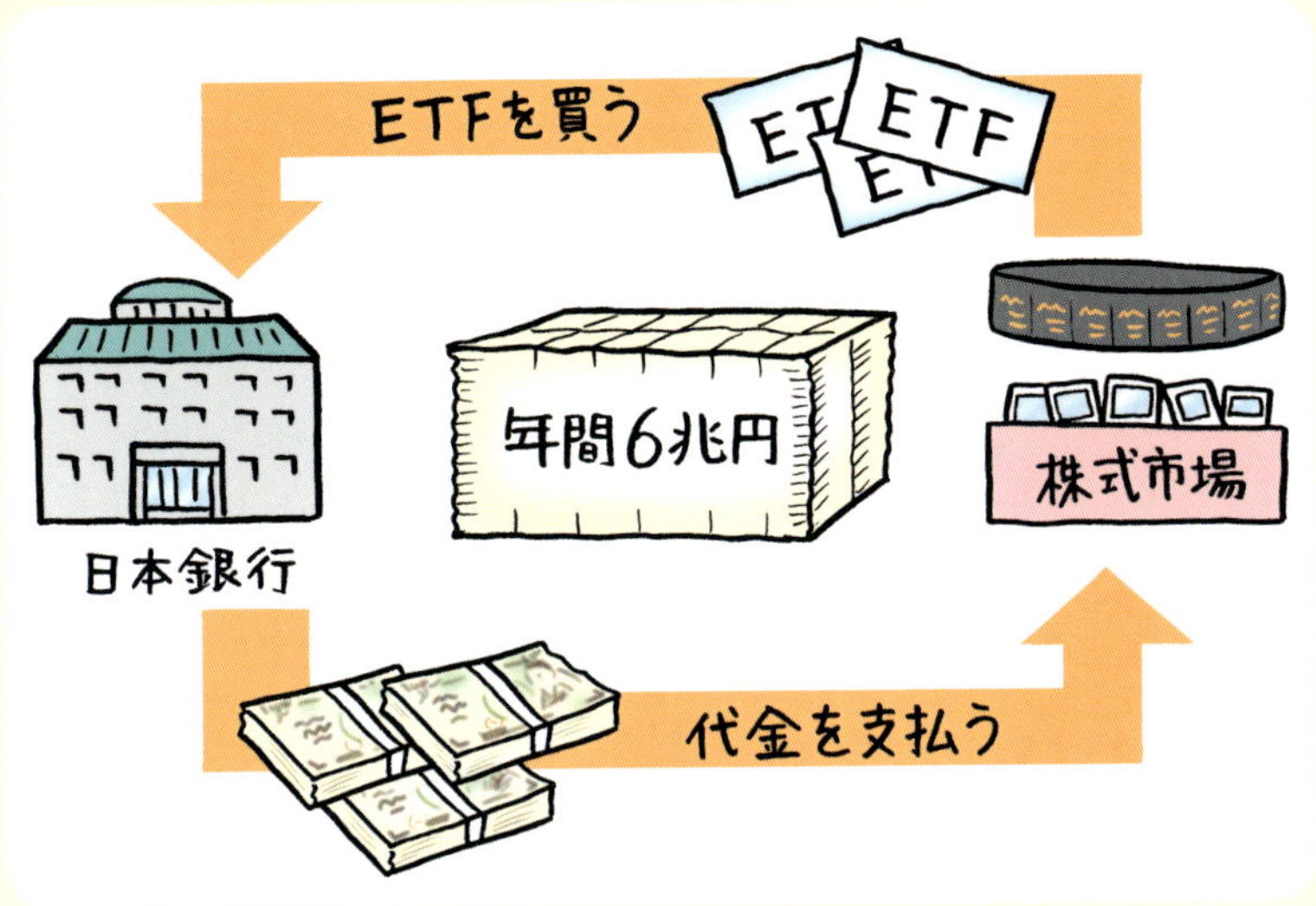

●日銀によるＥＴＦ購入額の推移（兆円）

青が年間購入額
オレンジが累計購入額

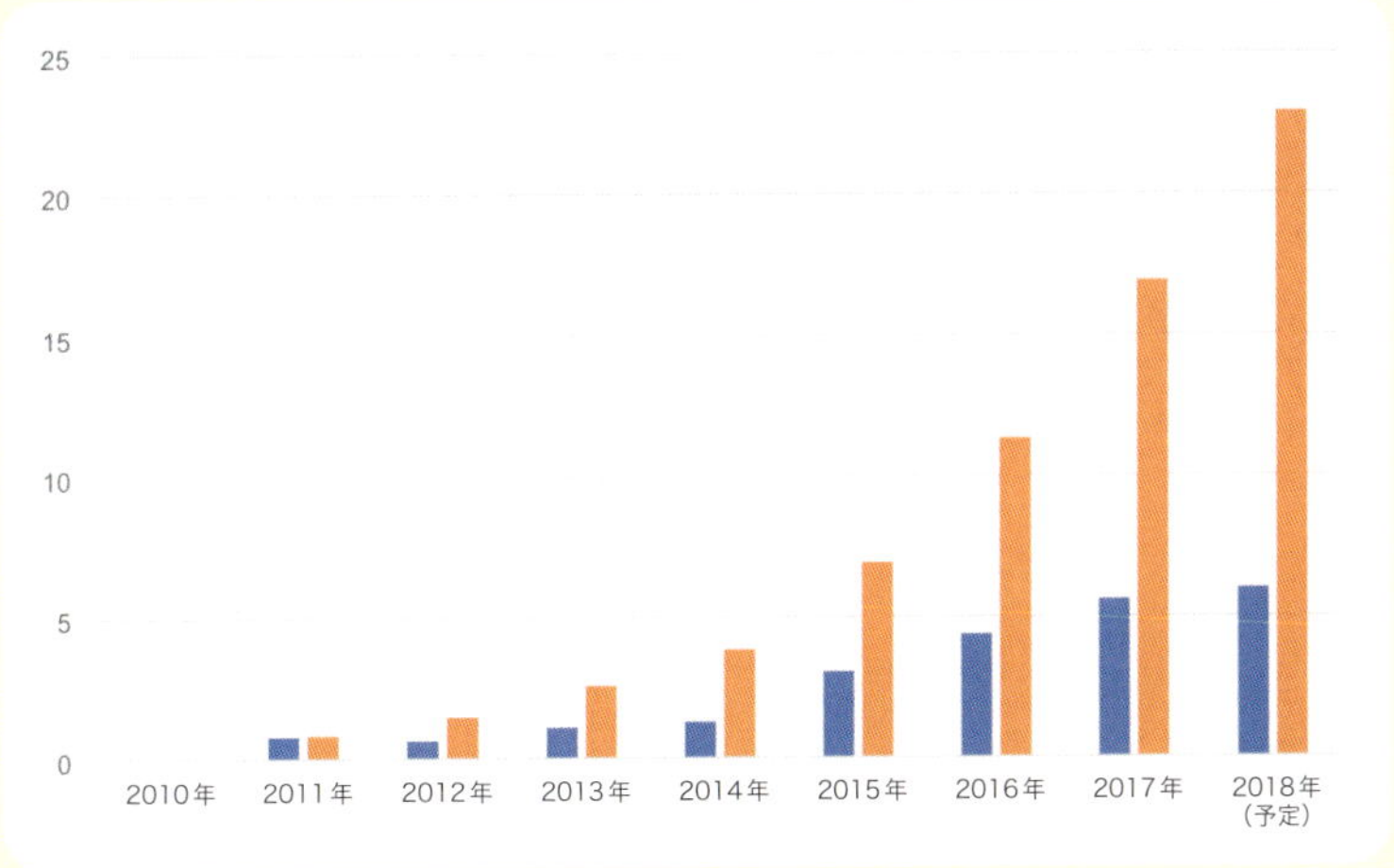

第6章 儲けを増やすワンナップスキル

01 投資は連想ゲーム

「相場テーマ」がわかれば株価が読める

株は連想ゲーム

株式投資には**「連想ゲーム」**という側面もあります。

たとえば、**「今年は冷夏になる」**というニュースが伝わったらどうでしょうか? 「ビールや冷房器具、夏物衣料は売れない」と多くの人が予想し、**飲料メーカーや電機メーカー、衣料品店の株価が下がる**かもしれません。

「原油価格が高騰している」となれば、燃料を大量に使う**運送会社や航空会社の株が下がる**一方で、**石油を発掘・精製している資源開発会社の株は上がる**でしょう。

株式投資で勝つポイントは、こうした「相場テーマ」をうまくキャッチすることです。

関連株をチェックする

鳥インフルエンザが発生したり、花粉症の季節になれば、薬品やマスクを作っている会社の株が上がりますし、芥川賞・直木賞受賞者が発表されれば書店を経営している会社の株価が元気づきます。日本人がオリンピックでメダルを取ればスポーツ関連、ノーベル化学賞を取れば化学関連の株が動き出します。

いつも世の中の動きに注意して、**「もしこうなったら、こうなるだろう」とイメージトレーニングを積んでおく**と儲けやすくなります。

証券会社のレポートなどで「○○関連銘柄一覧」といった情報が流れてくることがありますから、そういったリストを手元に置いておくのもいいでしょう。

株価はみんなの連想で動くんだね

上野動物園でパンダの赤ちゃんが生まれたときは、
上野にある会社の株価が上がったよ

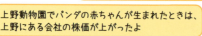

株式投資は連想ゲーム

冷夏
ビール
アイス
夏物
売れない？
ビール、飲みたくない…
●アサヒビール
●B-Rサーティワンアイスクリーム
●しまむら
株価下落？
インフルエンザ流行
マスク
うがい薬
ワクチン
ゴホゴホ…
売れる？
●ダイワボウ
●中外製薬
●第一三共
株価上昇？
冬季オリンピック日本人大活躍！
スキー、スノボ、スケートなどウインタースポーツが流行？
売れる？
やっぱりスポーツ！
●アルペン
●ゴールドウイン
●アシックス
株価上昇？

02

リスクを減らして投資する

売買はバランスよく「分散投資」が基本

投資先を1カ所にしない

「タマゴを1つのカゴに入れるな」。

これは欧州に古くから伝わる投資の格言です。カゴが1つしかないと、一度カゴを落としただけで、すべてのタマゴが割れてしまいます。

株式投資も同じです。1つの銘柄に全財産をつぎ込んでしまうと、株価が大きく下がった場合、取り返しのつかないことになります。

大切なのは投資先を分散すること。複数の銘柄に分散しておけば、1つの株で失敗しても、ほかの株は無事ですから、全体の損失は少なくて済みます。

逆の値動きをする銘柄を組み合わせる

株を複数買うときは、反対の値動きをする、異なる業種の株式を組み合わせるのがいいでしょう。同じ業界の株は同じ方向に一緒に動くことが多いので、同業種の株を複数持っていてもリスクは避けられません。

「製造業と非製造業」、「輸出産業と輸入産業」といったように、保有する株を別の業種に分散しておけば、たとえば為替が円高になった場合、輸出産業の株が下がっても、輸入産業は上がる、というふうにバランスをとることができます。

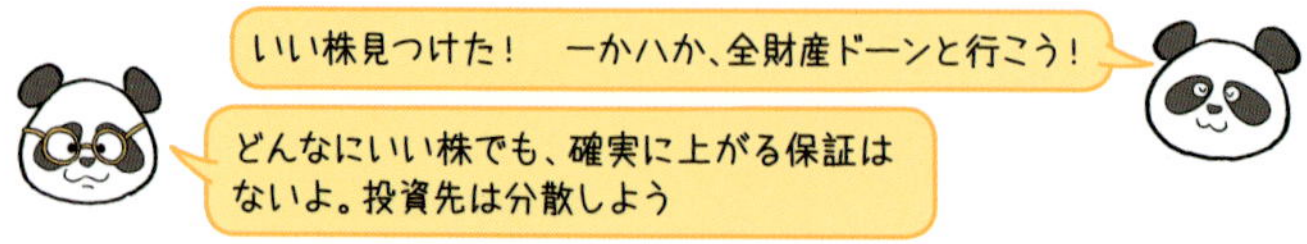
いい株見つけた！　一かハか、全財産ドーンと行こう！
どんなにいい株でも、確実に上がる保証はないよ。投資先は分散しよう

投資先は分散しよう！

1 銘柄だけの場合

複数銘柄を持つ場合

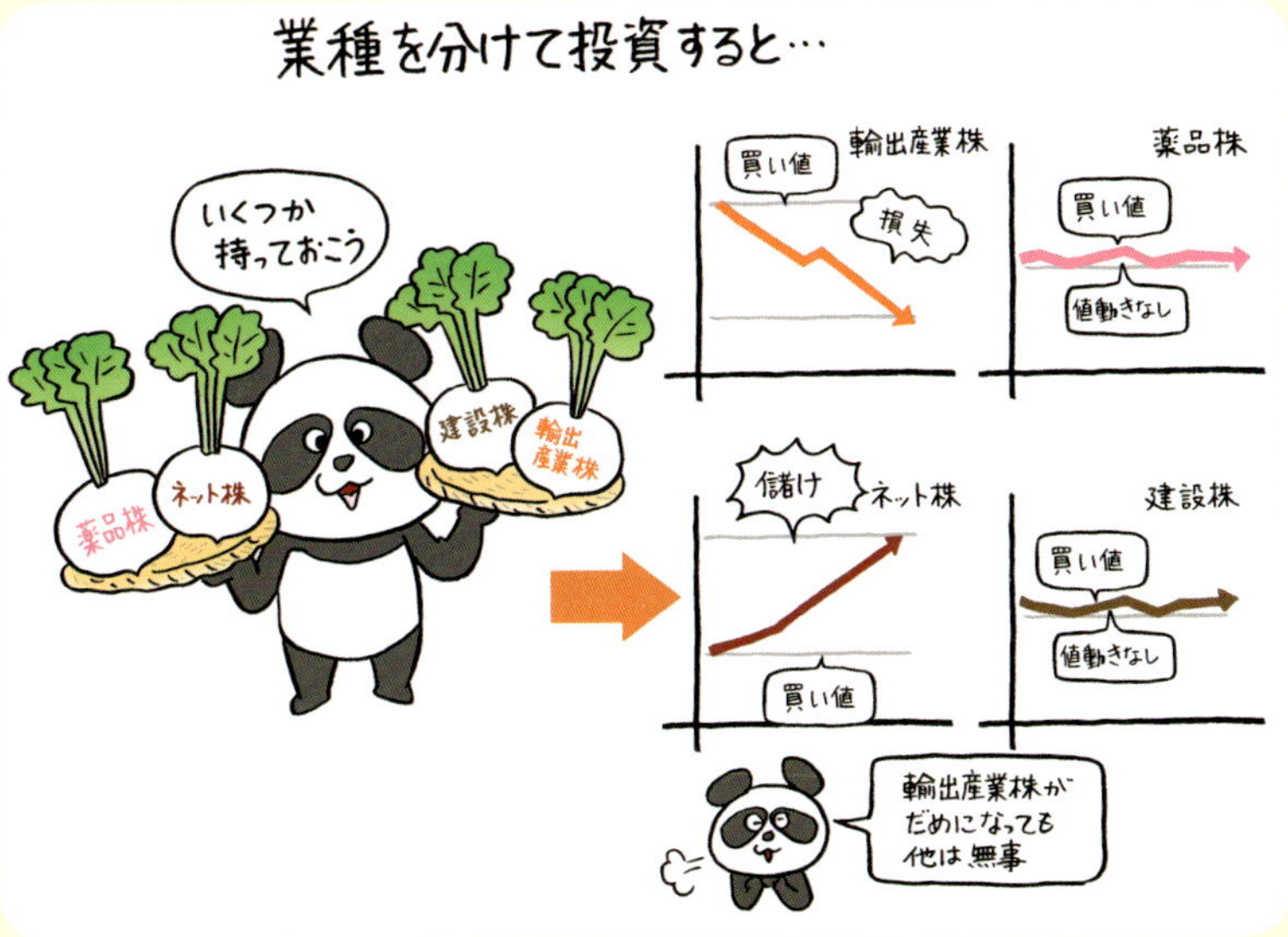

タマゴは１つのカゴに入れてはいけない

03

短期投資と長期投資

自分のスタイルに合った投資をしよう

○あなたは「短期投資派」「長期投資派」？

投資の際には「時間軸」を意識しましょう。

持っている株を短期間で売ってお金にしたいのか、成長をじっくり待ちたいのか。「短期投資」と「長期投資」、それぞれのメリット、デメリットを考え、自分に合った投資スタイルを見つけましょう。

株式市場でいう「短期投資」とは、一般的に**1日～数日、数週間で株を売買**することを指します。短期間なので、会社の業績や市場環境の変化にはあまり気をとられず、株の値動きだけを追えばいい〝単純な〟手法です。

ただ、頻繁に株価をチェックしなくてはならないため、日中に会社勤めをしている人には向いていません。

○本来は長期投資がおすすめ

一方、**「長期投資」**とは、**数年単位**で株式を持ち続けること。じっくりと大幅な値上がり益を楽しむだけでなく、保有期間中の配当金や株主優待を重視する人が選ぶやり方です。

長期投資で利益を上げるには、決算書を見て会社の業績を分析したり、業界全体の動向を読んだりと、こまめな〝勉強〟が欠かせません。

ただ企業というのは本来、長生きするもの。株式投資ではこうしたジックリ型が大きな成果につながります。

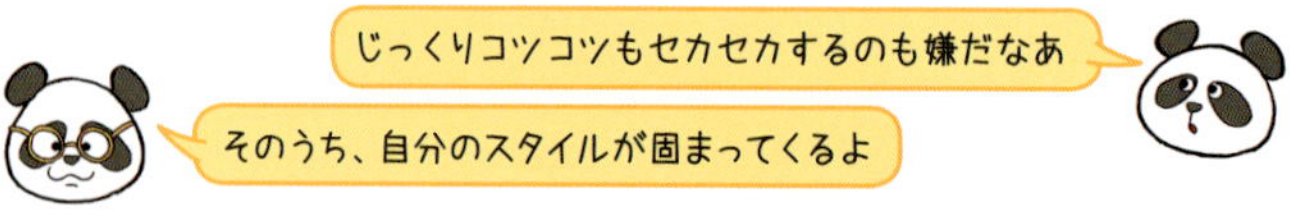
じっくりコツコツもセカセカするのも嫌だなあ
そのうち、自分のスタイルが固まってくるよ

短期決戦か、長期戦か……

短期戦型

●ブランジスタ（日足）（2017年8月〜18年1月）

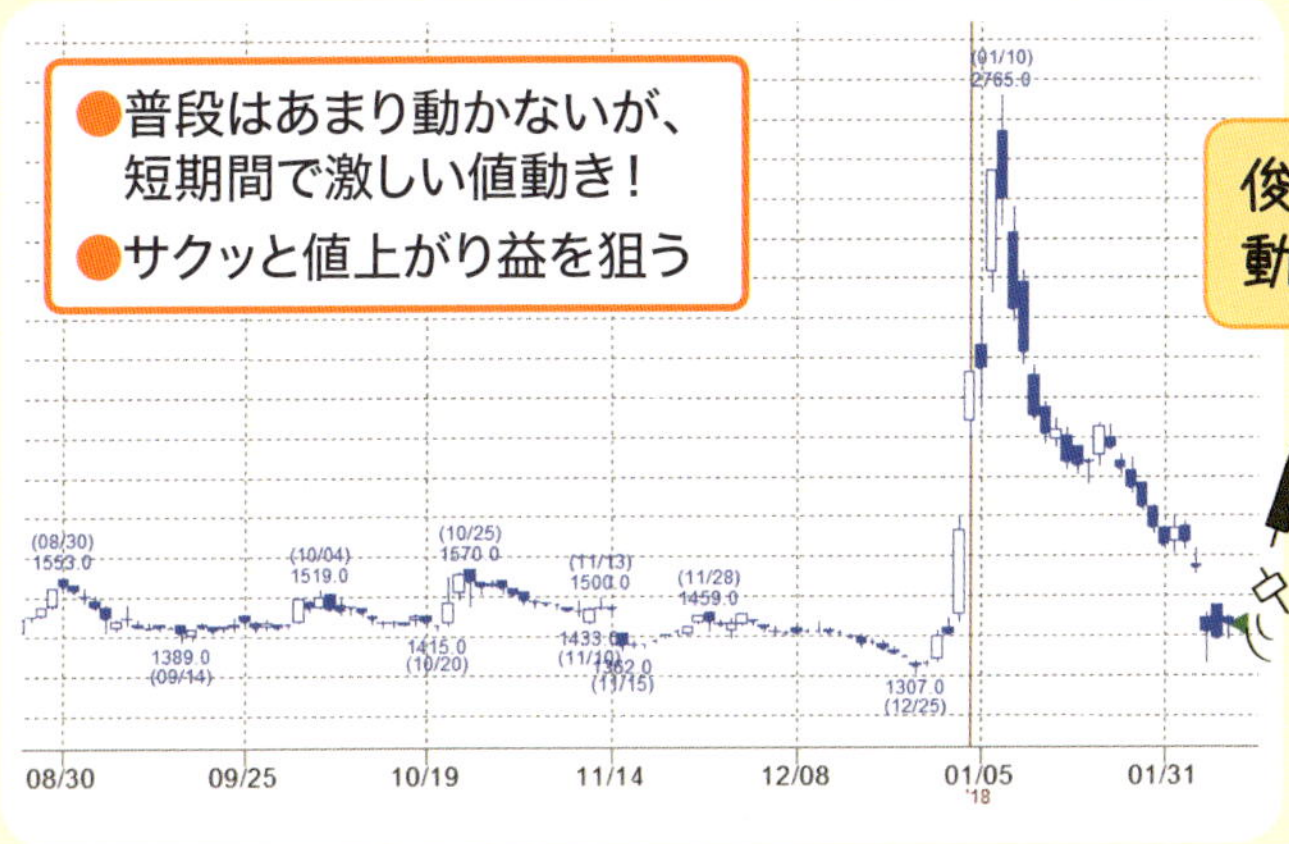

長期戦型

●五洋建設（月足）（2012年〜18年）

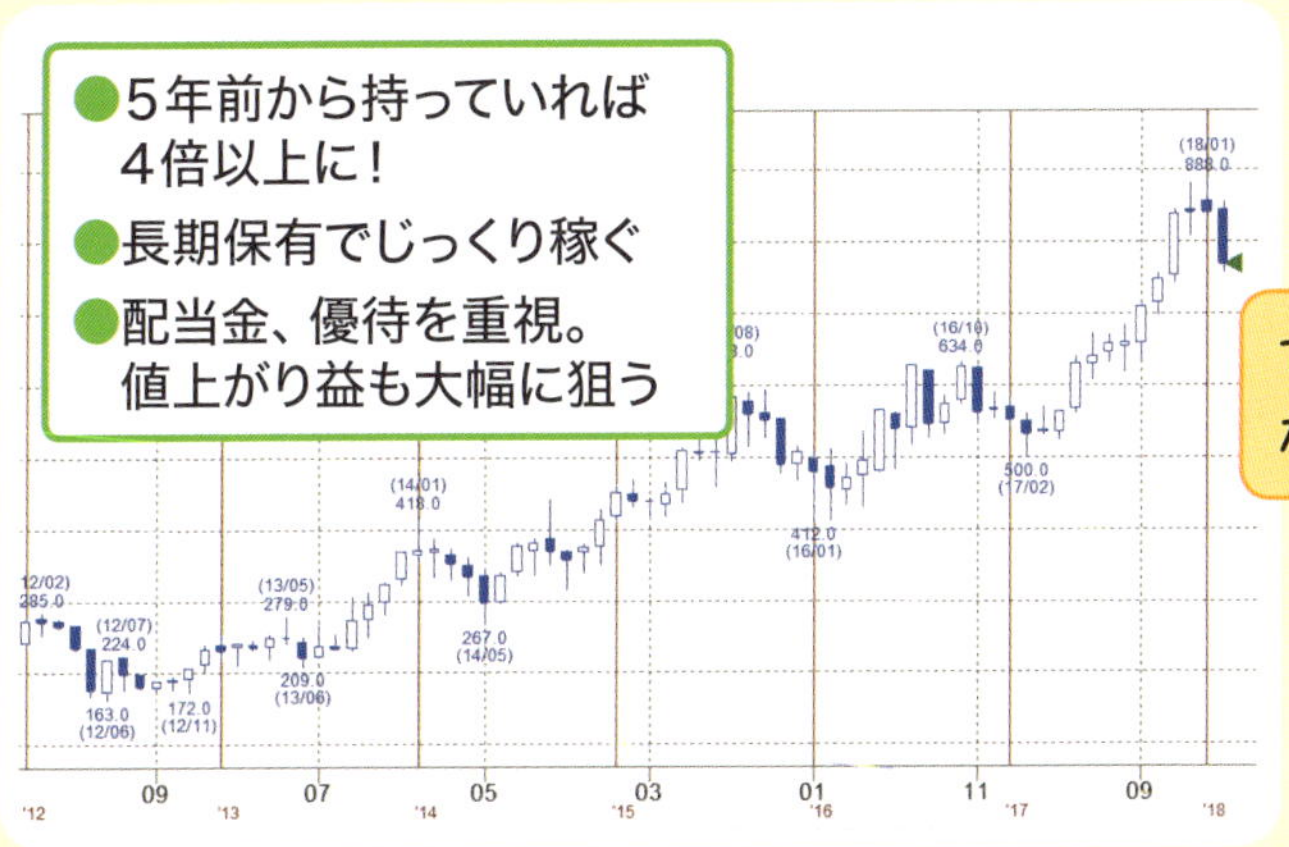

04

欲しい株を長～く増やす

「ドル・コスト平均法」でリスクを下げる

● 株は一度に買わない

もし、ある株を500株買うと決め、一気に500株全部買ったあと、株価が下がったら……。「もっと安く買えたのに」と後悔することになりますね。

当たり前の話ですが、株価は常に動いています。**「一度に売買する」という発想だと、どうしても、値段が高いところで買ったり、安いところで売ったり、というミスが起きやすくなります。**

では、株価が高いときには株数は少なめ、安いときには多め、というふうに、**何回かに分けて毎回同じ金額ずつ買ったらどうでしょうか。**その間の株価の変動を平均的に「ならす」ことになりますから、これだと一番高いところで買ってしまう、というミスを避けられます。

● 株価横ばい・下落相場で有効

こうした投資の仕方を**「ドル・コスト平均法」**と呼び、株を買うタイミングがつかみにくいとき、この方法は有効です。ただ、株価上昇が続いているときは、時間が経つほど高値で買わなければなりませんから、この方法は不利になります。

一方、株価が横ばい圏で往来相場を繰り返しているようなときには、「安い値段で株数を多く買う」ことができるため、投資手法として有効です。**下落相場でも効果を発揮します。**

一度に買わず、何回かにわけて買うメリットってなに？

タイミングを分散すれば、一番高いところで
全部買う、という最悪の事態を避けられるよ

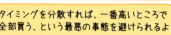

「ドル・コスト平均法」で買うタイミングを分散させる

500円のときに一気に全部買うと…

500円 × 500株 ＝ 25万円

25万円で
500株買えた

5万円ずつ5回に分けて買うと…

①株価500円のときに買う
5万円 ÷ 500円 ＝ 100株
②株価400円のときに買う
5万円 ÷ 400円 ＝ 125株
③株価550円のときに買う
5万円 ÷ 550円 ＝ 90株
④株価450円のときに買う
5万円 ÷ 450円 ＝ 111株
⑤株価520円のときに買う
5万円 ÷ 520円 ＝ 96株

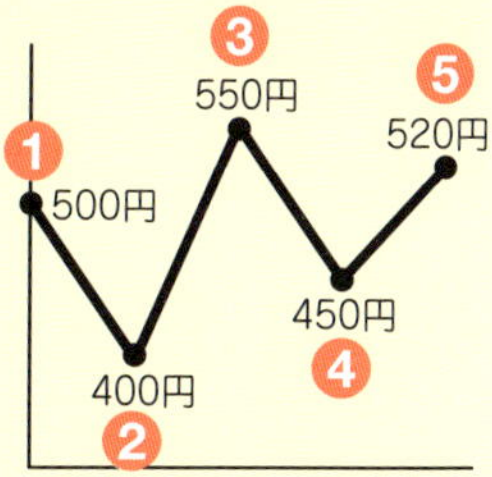
① 500円
② 400円
③ 550円
④ 450円
⑤ 520円

25万円で
522株買えた

合計522株

**このケースの場合、
「ドル・コスト平均法」で
多く買える！**

05

あなたは積極派？　慎重派？

売買手法には「順張り」「逆張り」がある

「順張り」「逆張り」とは

株価の上昇、下落の流れにそのまま乗って投資することを**「順張り」**、流れに逆らって儲けようとすることを**「逆張り」**と呼びます。

順張りとは、「いまの株価の方向は正しい」と考えて株価と同じ方向で売買すること。株価が上昇傾向にあるときは「まだ上昇が続く」とみて買い、下落傾向なら「まだ下がる」とみて売りに出ます。

一方、**逆張り**は「いまの株価は行き過ぎ」と考えて反動を予想し、株価と逆の方向に動くとみて売買することです。上昇局面では「もう上がらない」とみて売り、下落局面では「もう下がらない」とみて買いに出ます。

順張り派は株価が動いている方向に乗るため、心理的には楽ですが、その分、市場の雰囲気に流されてしまいがち。逆に、逆張り派はクールですが、ストレスが多くなりがちです。

流れを予測して選択する

どちらの場合も、チャートや株式の需給関係を丁寧に分析し、いまの株価の上昇、下落が「今後も続きそう」なのか、「ここで止まりそう」なのかをつかむことが大事なポイントです。

一般的に、**楽観的な投資家は順張りを好み、慎重な投資家は逆張りを好む**とされます。

機関投資家やヘッジファンドなどの〝プロ〟は順張り、個人投資家は逆張りが多いようです。

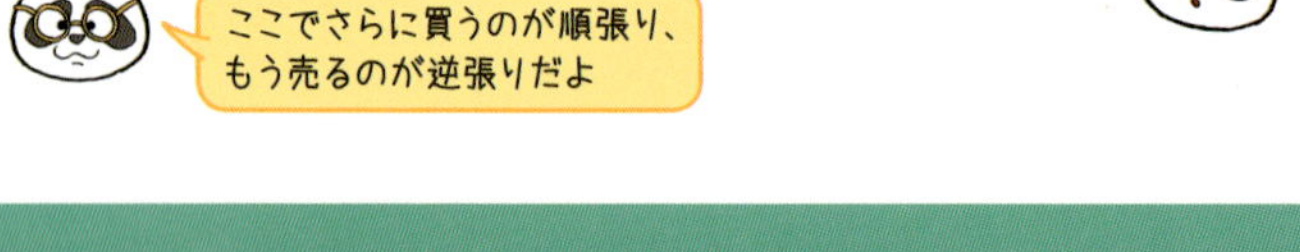
株価が前の高値を抜いたよ
ここでさらに買うのが順張り、もう売るのが逆張りだよ

性格によってちがう!? 株の売り方・買い方

●前の高値を抜いた

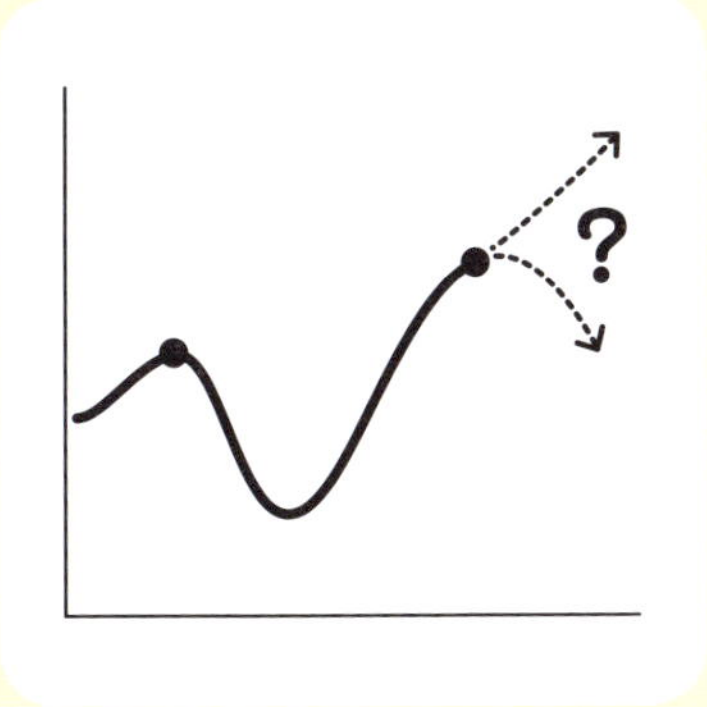

- ✓ もっと上がりそう だから買う → **順張り**
- ✓ もう上がらなさそう だから売る → **逆張り**

●前の安値を割った

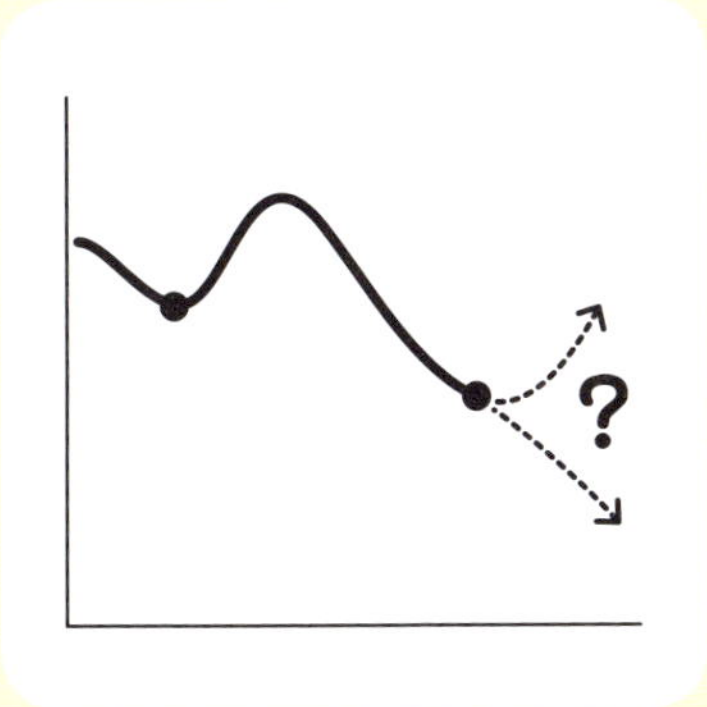

- ✓ もう下がらなさそう だから買う → **逆張り**
- ✓ もっと下がりそう だから売る → **順張り**

個人投資家は「逆張り」が多いとされる

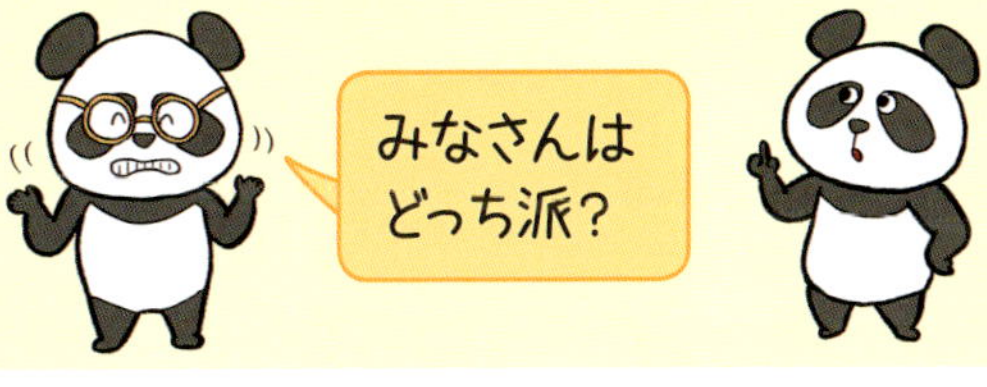

06

撤退も作戦のうち

「損《そん》切《ぎ》り」でダメージを最小限にする

損失拡大回避には早目の損切りを！

株式投資では**損失**が発生することもあります。そのときは慌てず騒がず、いかにしてダメージを最小限に抑えるか、を考えましょう。

値上がりを期待して買った株でも、ときと場合によっては、**買値より安く売らなくてはなりません。これを「損切り」といいます。**

損失を膨らませないためには、勇気を持って早めに損切りするのが基本。とは言うものの、なかなか簡単にいかないのが人情です。

もともと「絶対上がる」と思って買った株ですから、現時点では下げていても、「いつか上がる」と淡い期待（?）を抱いてしまいがち。自分から決断するのはなかなか難しいものです。

「損切り価格」をあらかじめ決める

ただ、手をこまねいていると、ズルズルと時間だけが過ぎ、**売るに売れない値段まで下がってしまう**というのもよくあるパターンです。

そうならないように、株を買う際には、ここまで下落したら売る、という**「損切り価格」**をあらかじめ決めておきましょう。

その際、次の図のように、損切りラインと利食いラインの設定にひと工夫するのがおすすめです。不幸にもその水準まで下落したら、早めに処分して気持ちを切り替え、次の戦いに備えるのが賢明です。

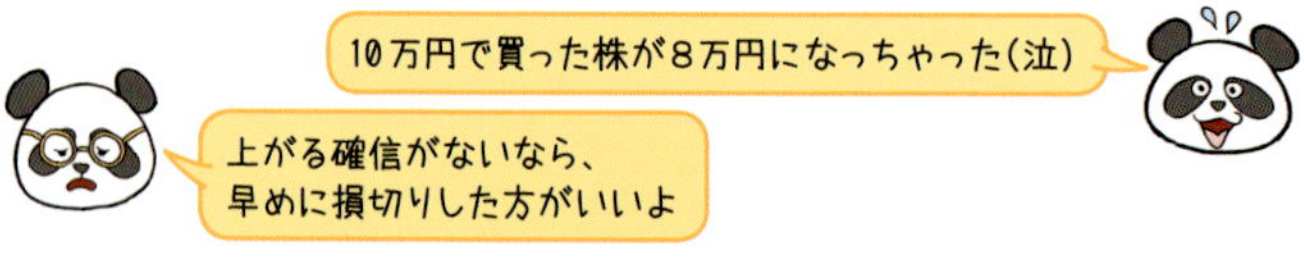
10万円で買った株が8万円になっちゃった（泣）
上がる確信がないなら、
早めに損切りした方がいいよ

「損切り」は早めに！

たとえば500円で買ったら…

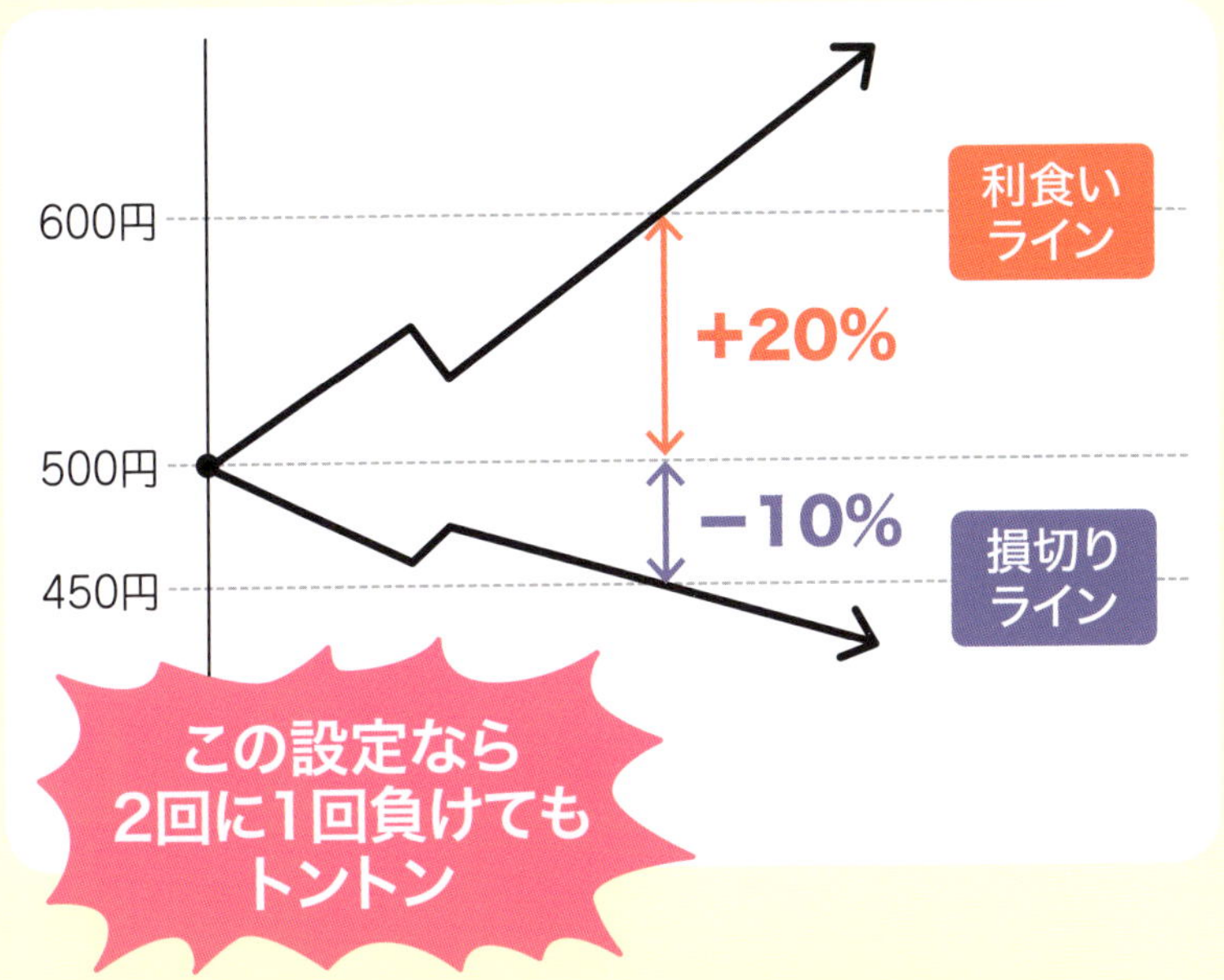

**損切りライン（下落率）は
利食いライン（上昇率）より
低い数値にしておくこと**

ずるずると損失を引きずるよりも、スパッと切る方が、結果的に得をするという意味で「見切り千両」という相場格言もあるよ

07

元手が少なくてもできる投資法

「信用取引」を活用しよう

○信用取引とは？

信用取引とは、簡単に言えば「自分を信用してもらい、持っている資金以上の取引をすること」です。**自分の資金や株式を担保にして、証券会社からお金を借りて行います。**

たとえば手持ち資金が100万円で、1万円の株式を買う場合、**通常の取引だと100株しか買えません。でも信用取引なら最大で3・3倍の330株まで買うことができます。**

株価が1万1000円に上がったら、通常取引だと利益は1000円×100株の10万円ですが、信用取引なら1000円×330株の33万円。動かす株数が3・3倍になるのですから、当然、利益は3・3倍。ただし逆に損失も3・3倍となります。

○返済期限がある！

一方、証券会社からお金ではなく株を借りて行うのが**「空《から》売《う》り」**でこれも、信用取引の1つです（次項参照）。

なお、お金を借りた場合も、株を借りた場合も、それぞれ**返済期限は6カ月。**お金を借りて株を買った場合は期間内に売ってお金を返し、空売りした場合は株を買い戻して証券会社に返さなくてはなりません。

また、信用取引で買った株が下落して損失が拡大すると、**追加の担保（保証金）**を要求されます。これを入金できないと、証券会社が強制的に株を売却して決済してしまうので、要注意です。

信用取引なら、少ない元手で大きな投資ができるんだね

ただ損も大きくなるから普通の取引に慣れてから、チャレンジしよう

信用取引は最大3.3倍の株数を売買できる

信用取引とは？

証券会社に、担保（保証金）を差し入れ、お金や株券を借りて売買する制度。信用取引を利用すれば、少ない資金を大きく使える！

株価が上がりそうなとき

1. 手元資金を担保（保証金）として提供
2. 最大で保証金の3.3倍まで株が買える
3. 株価が上昇したら……

→ 通常取引の3.3倍の儲け

株価が下がりそうなとき

1. 手元資金を担保（保証金）として提供
2. 最大で3.3倍の金額の株券を借りられる
3. 株価が下落したら……

→ 通常取引の3.3倍の儲け

信用取引のしくみ

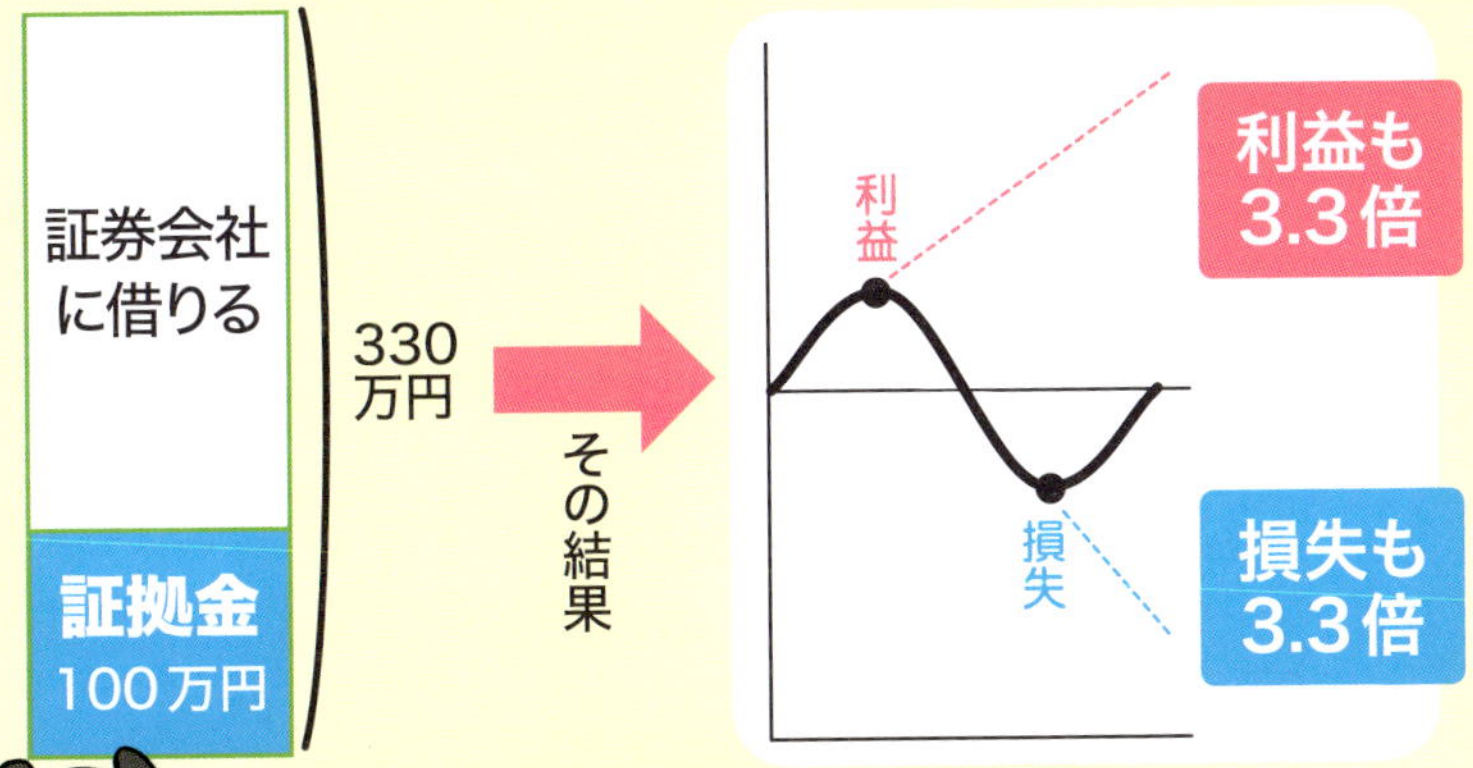

信用取引なら証拠金100万円で330万円分の株が買える！

08

下がっても儲けられる!?

「空《から》売《う》り」で儲ける

下落局面でも株は儲けられる

安く買って高く売るのが株の基本ですが、実は**「高く売って安く買う」ことでも儲けられます。**これを**「空売り」**といいます。

500円の株が100円まで下落するケースを考えてみましょう。普通の投資なら下落局面で儲かることはありませんが、**空売りならここで大もうけ**できます。

まず、信用取引を利用して証券会社から株を借り、市場で500円で売却します。その後、100円に下落した時点で株を買い戻し、証券会社にその株を返却します。そうすると400円儲けたことになりますね。これが空売りによる〝**値下がり益**〟です。

短期急騰型の銘柄は、その反動安も大幅になりがち。「株価が伸び切ったところで空売りすれば……」と狙いを定めるベテラン投資家もいます。

株価が上がったら損失が出る

空売りした場合、そこから株価が上昇すると逆に損失が発生します。500円で売った株が800円に上がり、その時点で株の返済期限がきたら、800円で買い戻して証券会社に返さなくてはなりません。この場合、300円の損失ですね。

空売りをするには、証券会社で「信用取引口座」を開く必要があります。銘柄によっては空売りができない株もあるので、注意しましょう。

ソラウリ……

カラウリって読むんだ。借りた株を高いところで売って、安いところで買い戻せば、その差額が利益になるよ

下がっても儲けられる「空売り」とは？

空売りのしくみ

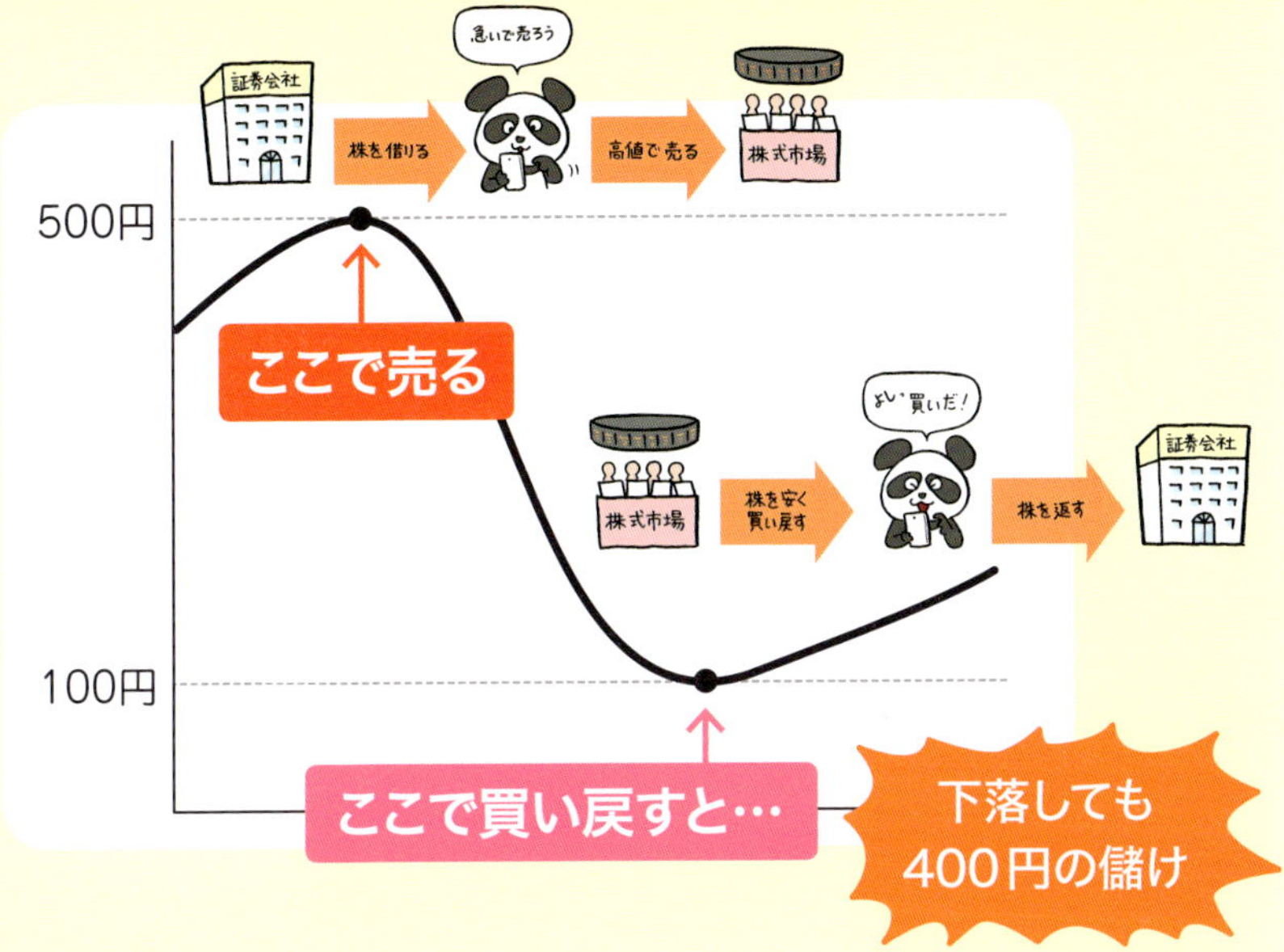

株価が上がってしまったら

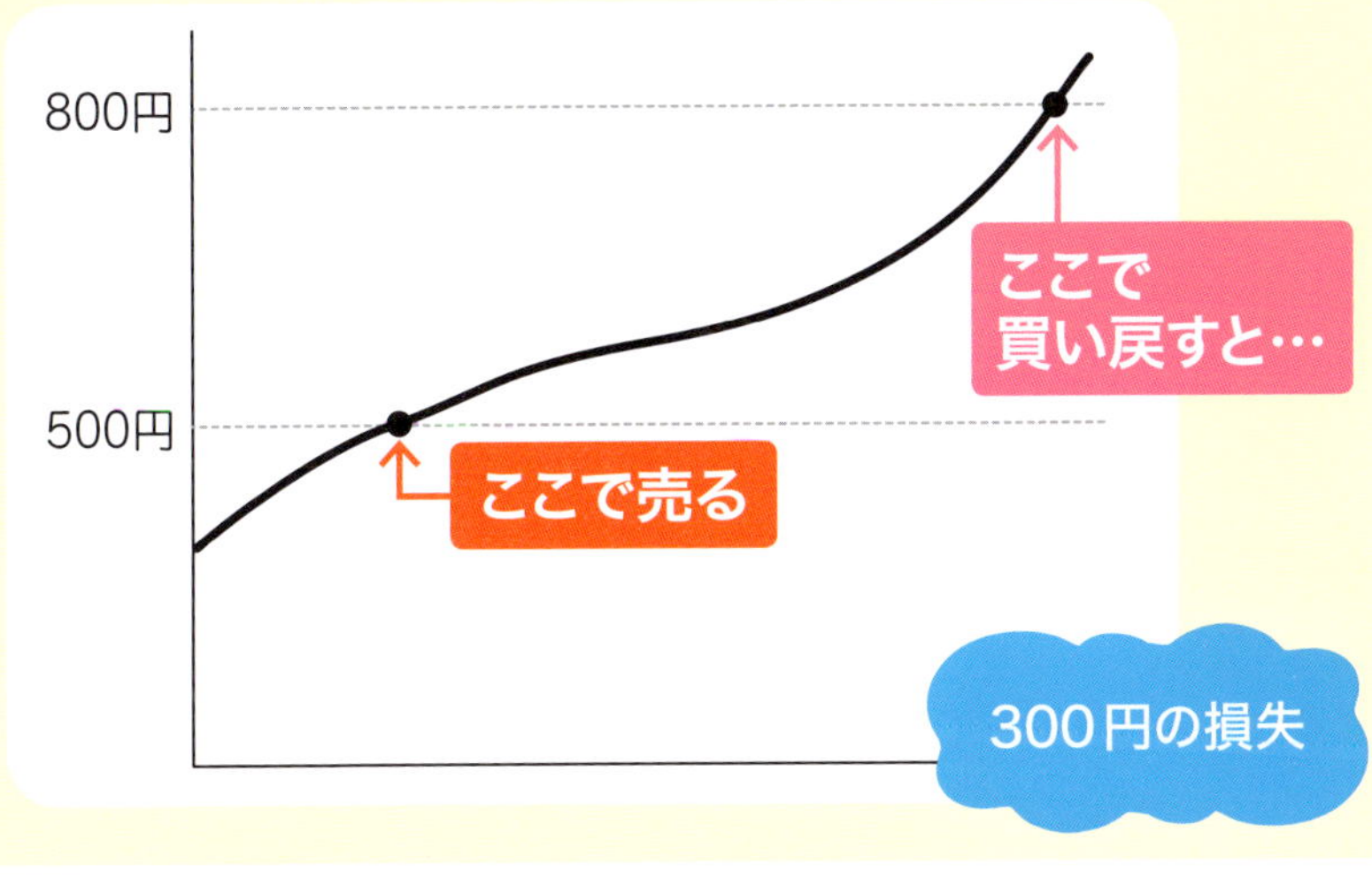

第7章

もっと儲かる！プラス技・究極テクニック

01

株価急騰のチャンス①

自社株買いをする〝株主想い〟の会社を探そう

●自社株買いとは？

会社が自社の株式を買うことを**「自社株買い」**といいます。市場に流通している株式が減るので、1株あたりの価値が向上し、**多くの場合、株価も上昇します。**

たとえば、発行済み株式数1000万株の会社が100万株の自社株買いを行ったとします。株式の10%が市場から消えるわけですから、単純に考えれば1株あたりの利益（EPS）は10%上がります。逆に、現在の株価がEPSの何倍かを示す指標であるPERは下がります。

●継続的に自社株買いをする会社をチェック

このように、**株数が減ると、投資指標が割安になるため、株価は上がりやすくなる**のです。

2017年10月26日には、野村不動産ホールディングスが発行済み株式総数の2・6%の自社株買いを発表。翌日の株価は6・3%も上がりました。

自社株買いは1株当たりの利益を増やして株式の価値を高めること。そのため、株主に対して利益を還元することとなります。配当金を増やすことと並ぶ、株主に優しい利益還元策といっていいでしょう。ちなみに自社株買いによって買い付けられたまま、保有されている株式を「金庫株」といいますが、株主還元に積極的な会社は保有したままにせず「消却」してしまうことが多いようです。

毎年、継続的に自社株買いを実施するNTTドコモのような会社もありますから、HPなどで調べてみてください。

自社株買いはどこで発表されるの？

会社のホームページや東証のTDネットに、「自己株式の取得に係る事項の決定に関するお知らせ」と告知されるよ

自社株買いでEPS（1株あたりの利益）が向上する！

純利益10億円
発行株数
1000万株
EPSは**100円**

→ 100万株 自社株買い →

純利益10億円
発行株数
900万株
EPSは**111.1円**

EPSが増えると1株あたりの価値が上がって
株価は上昇しやすくなる！

●NTTドコモの場合（日足）

自社株買い発表翌日の株価は2.1%上昇
その後も1カ月以上、上昇トレンドが続いた！

02

株価急騰のチャンス②

「市場変更」「第一部指定」で株価急騰！

○市場変更は株価上昇のチャンス

新興市場の東証マザーズやジャスダック市場に上場している会社が大きくなって、東証2部、1部で取引されるようになるのが**「市場変更」**。東証2部から1部に移動するのを**「第1部指定」**といいます。東証1部になれば、日本を代表する企業として社会的に認められ、会社のイメージアップになります。

東証1部になった会社の株式は、変更日の翌月末から、TOPIX（東証株価指数）計算対象に組み入れられます。TOPIX連動型のETFや投資信託にこの会社の株が組み入れられ、株が買われるので、1部指定発表後の株価は大幅高するのが一般的です。

○“降格”することもある！

逆に、会社の業績が極端に悪化すると、**東証1部から2部に“降格”することもあります。**1部から外れるとTOPIXに連動するETFからも除外され、株式の買い手が減ってきます。

原発事業の負債を抱える**東芝**は17年6月23日、1部から2部への指定替えが決まり、その後1カ月間で株価が12・7％下落しました。

一方、16年夏に2部指定替えとなった**シャープ**は翌年1部に復帰し、株価も回復しました。**市場変更は東証ホームページで随時発表**されますから、まめにチェックしましょう。

応援してた会社が東証1部になったよ！

日経平均の225社に採用されたら、
もっと株価が上がりやすいね

東京証券取引所の市場の区分

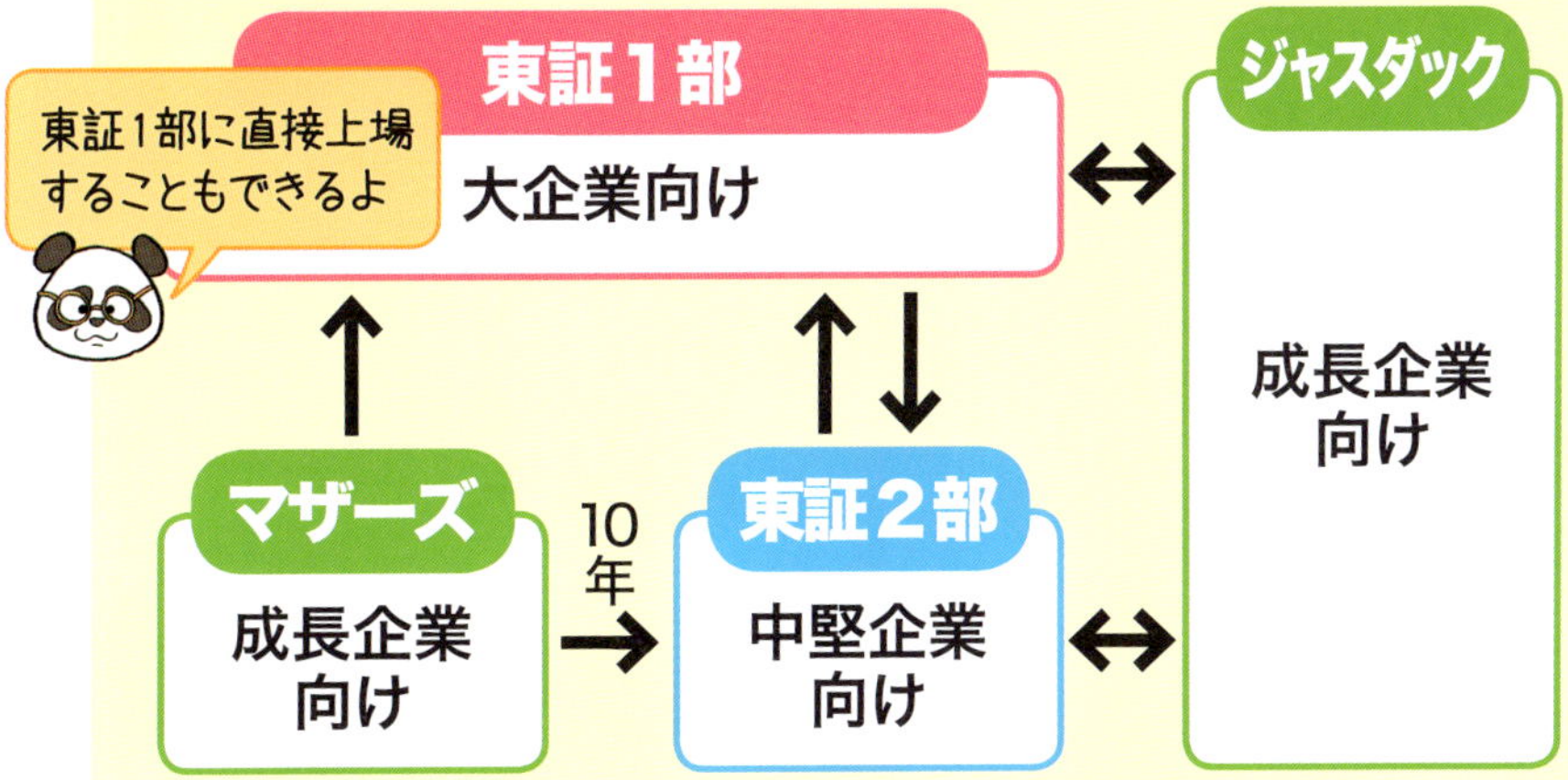

●シャープの株価（週足）

シャープは「東証１部」→「２部」→「１部」と“転々”とした

03

抽選に当たればラッキー！

お宝「新規公開株」をゲットする

○BBに参加しよう！

新茶、新米、初鰹……。日本人は「ハツモノ」が大好き。これは株式市場も同じで、新たに上場される**「新規公開株」**は大きな注目を集めます。

若くて伸びそうな会社が**証券取引所に新たに上場することを株式公開、IPO《アイピーオー》といいます。**

新規公開株は、上場前に投資家による投票（ブックビルディング＝BB）が行われ、上場時の基準値段である「公開価格」が決められます。

新規公開株が欲しい場合、証券会社経由でこのBBに参加します。証券会社が「この株は1000〜1500円で売り出す」などと仮条件を提示するので、「1300円なら買いたい」などと希望価格を提示して参加します。

○抽選に当たれば公開株が手に入る

ただ、BBへの参加希望者は多く、証券会社が提示する仮条件の上限（この場合1500円）を提示しても、**抽選になるのがほとんど**です。

抽選に当たれば、公開株をゲットでき、公開価格上限の1500円を払ったとしても、上場後にそれ以上値上がりすれば利益となります。

IPOでは、短期間で株価が数倍になる〝お宝〟銘柄が続出します。2017年12月25日にジャスダック・名証2部に上場した**ABホテル**は、公開価格1500円に対して、上場日には3060円で初値（最初の値段）をつけ、年末には一時6300円まで跳ね上がりました。

新規公開株は大人気なんだね

2017年に東証に新規上場した会社は
93社だけど、年々増加傾向なんだ。
それだけ儲けのチャンスが多くなるね

新規公開株を手に入れるには？

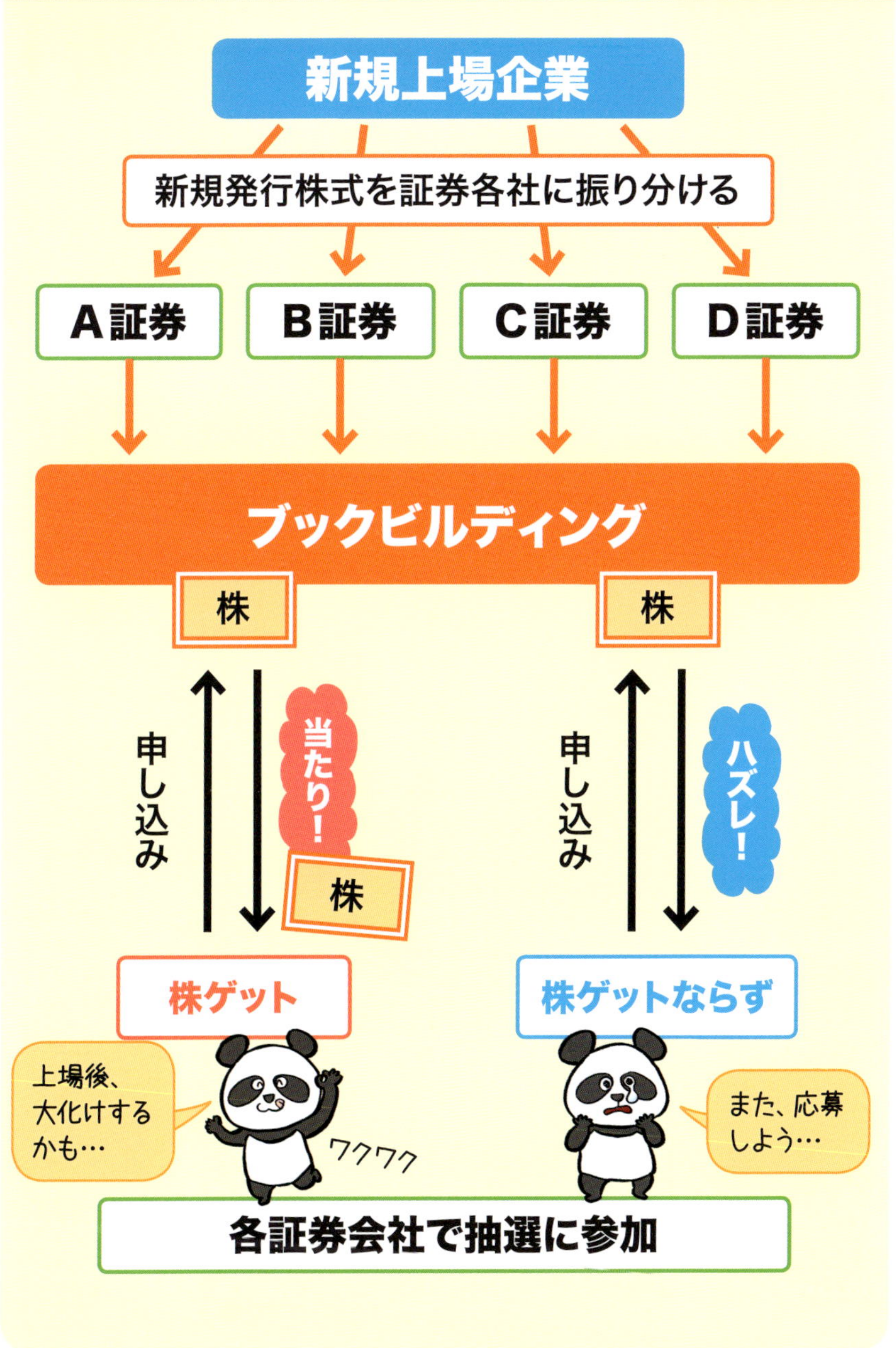
新規上場企業
新規発行株式を証券各社に振り分ける
A証券
B証券
C証券
D証券
ブックビルディング
株
株
申し込み
当たり！
株
申し込み
ハズレ！
株ゲット
株ゲットならず
上場後、大化けするかも…
ワクワク
また、応募しよう…
各証券会社で抽選に参加

04 円高・円安をチェック
円安は株価上昇のチャンス!

為替と株価の関係とは?

株価と為替は切っても切れない関係にあります。**「円高で日経平均下落」「円安で上昇」**のケースが多いですから、ポイントを押さえておきましょう。

円高とは、円の価値が上昇すること。たとえば1ドル＝100円だった為替が、1ドル＝80円になると20円の円高です。これで困るのが輸出産業。海外で1ドルの売上をあげても、日本円に換算したら100円から80円に目減りするため**輸出産業にとって円高は〝最大の敵〟**です。

この輸出産業の占めるウエートが大きいのが日本の株式市場です。東証1部上場の企業のうち、業種別で時価総額が一番大きいのは電機産業で全体の12・7％。次は自動車産業や機械産業などが上位を占め、**「日本の株式市場は輸出産業が主導」**といっても過言ではありません。円高で輸出産業の株が売られたら、日経平均の足を引っ張る、という構図がこれでわかりますね。

円安は株価上昇のチャンス!

一方、外国人投資家が1株100円の日本株を買う場合、為替が1ドル＝100円なら、1ドル払えば買えますが、1ドル＝80円になったら、1・25ドル必要になります。

つまり**円高になると外国人は日本株を買いづらくなり、日本株にとって下落要因となります。**円安になれば、逆のことが言えるので、円安＝日本株高の構図が読み取れます。

アベノミクスがはじまってから「円安・株高」なんだよね?

2012年末と17年末を比べると、為替は1ドル＝86円から112円に、日経平均は1万395円から2万2764円になったよ

為替は株価に影響する！

今、1ドル＝100円だとすると…

円高
1ドル
＝
80円
→ 1ドルの売上が80円にしかならない
→ **輸出企業の業績・株価** ↓

円安
1ドル
＝
120円
→ 1ドルの売上が120円になる
→ **輸出企業の業績・株価** ↑

●外国人投資家が100円の株を買う場合…

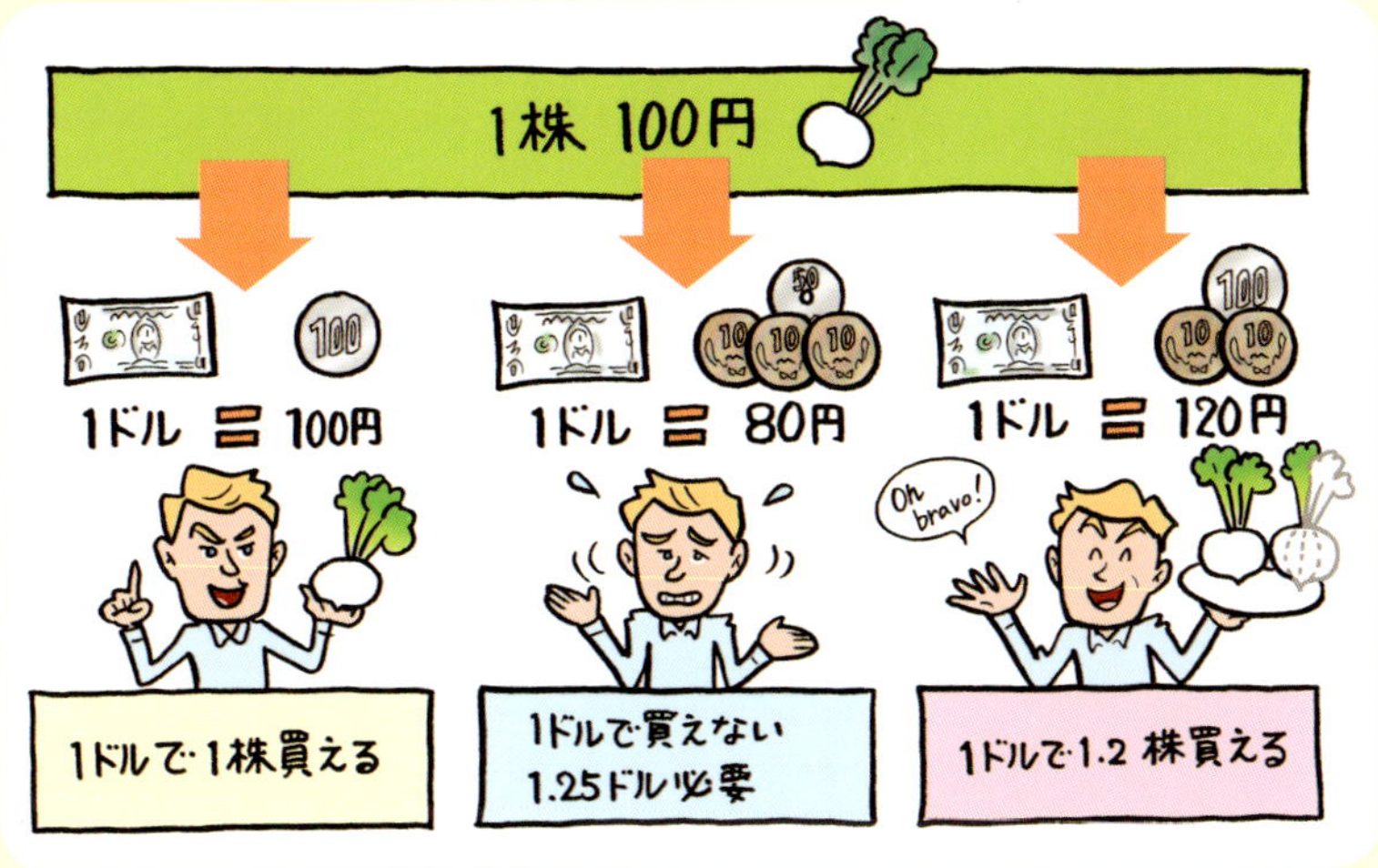

05

経済統計でチャンスをつかむ

景気を読んで買いのタイミングをつかむ

「3つの統計」でチャンスをつかむ！

株価は会社の業績に左右されますが、その業績に大きく影響するのが**「景気」**。景気がよければ株高に、悪ければ株安に。そして**定期的に発表される経済統計に、その景気を読むヒントがたくさん詰まっています。**

国内の統計で大事なのは、**①国内総生産（GDP）、②日本銀行の企業短期経済観測調査（日銀短観）、③鉱工業生産指数**、の3つでしょう。

①は内閣府が**年4回**発表。一定期間内に国内でどれだけのモノやサービスが生み出され、消費されたかを示す、国全体の景気指標です。

②は日銀が全国の企業約1万社にアンケートを行い、**年4回**発表。企業経営者が景気の現状、先行きをどう見ているかわかります。

③は経済産業省が**毎月**発表。自動車、電機などの製造業者がどれだけ製品を作り、在庫はどれぐらい残っているか、実際のモノの流れを示します。

海外の統計も見落とせない

日本との貿易量が多い**米国や欧州、中国などのGDP**は当然、日本企業の業績に関係しますし、米国の雇用統計は為替相場を大きく動かします。

米国の統計は時差の関係で日本時間の深夜、明け方に発表されます。すると**発表直後から海外市場で円高が進み、翌朝の東京市場は取引開始と同時に株価急落、**というケースも多いので注意しましょう。

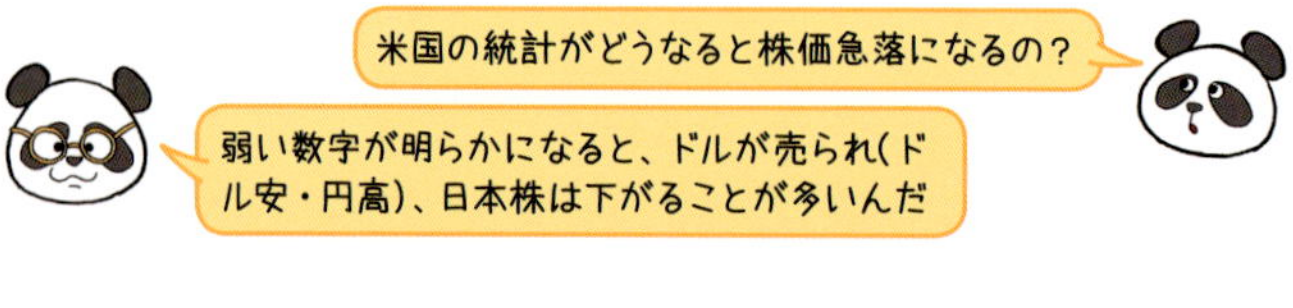
米国の統計がどうなると株価急落になるの？
弱い数字が明らかになると、ドルが売られ（ドル安・円高）、日本株は下がることが多いんだ

経済統計も株価を動かす

各国の経済統計（日、米、中、欧州などが発表）

- **四半期GDP**（年4回）
- **鉱工業生産指数**（毎月）
- **失業率**（毎月）
- **消費者物価指数**（毎月）

日米で特に注意すべき指標

- **日銀短観**（年4回）
- **米国雇用統計**（毎月）

各国の中央銀行の政策決定会合

- **日本銀行の金融政策決定会合**
  原則として2月、5月、8月、11月を除く年8回開催
- **米国連邦準備制度理事会《FRB》の連邦公開市場委員会《FOMC》**
  原則として年8回開催
- **欧州中央銀行（ECB）の理事会**
  原則として6週間に1回開催

06

政治の動きでチャンスをつかむ

選挙中は株が上がる！

安定政権下では株価も安定

株価は政治の動きとも切り離せません。政治が安定していれば経済も活性化し、株価にいい影響を与えるでしょうし、政治が不安定なら悪い影響を及ぼします。

日本では戦後70年間のほとんどの期間、自由民主党が政権の座にあり、この「長期安定政権」が戦後の高度経済成長をもたらした、という説もあります。

たしかに政権政党がコロコロ変わっていた1990年代の株価は頭打ちでしたし、民主党政権が混乱気味だった2009～12年の株価も低迷していました。

選挙期間中は株価が上がる！

政権政党を決めるのは選挙ですから、**選挙は当然、株価に影響します。**

選挙期間中は各党とも、皆に受けがいい政策を唱えますから、**基本的に株高**になります。過去10回の衆院選を見てみると、選挙中（衆院解散日～投票前日）に日経平均が下落したのは1回だけ。**「選挙は買い」**が定着しています。

ただ、**与党が苦戦したり、新党が乱立したりすると、選挙後の混乱を警戒して一時的に売られることもあります。**海外の投資家も、日本の政治の変化に高い関心を持っています。

選挙中は株高ってホント？

ホントだよ。選挙中の政治家はみんな、景気のいい話を打ち上げるからね

選挙は株価上昇につながる

選挙中は“景気のいい話”が出やすい

期待感で株価上昇

選挙期間中の株価

衆院解散日	解散時の首相	解散日の日経平均（円）	投票日直前の日経平均（円）	騰落率
1990年1月24日	海部	36778.98	37460.32	1.9%
1993年6月18日	宮澤	19804.54	20331.53	2.7%
1996年9月27日	橋本	21547.02	21612.30	0.3%
2000年6月2日	森	16800.06	16963.21	1.0%
2003年10月10日	小泉	10786.04	10628.98	-1.5%
2005年8月8日	小泉	11778.98	12692.04	7.8%
2009年7月21日	麻生	9652.02	10534.14	9.1%
2012年11月16日	野田	9024.16	9737.56	7.9%
2014年11月21日	安倍	17357.51	17371.58	0.1%
2017年9月28日	安倍	20363.11	21457.64	5.4%

選挙は買い

なんと9勝1敗！

07

なぜか上がる・下がるタイミングがある

アノマリーに注目する！

○必ず株価が上下するタイミングがある!?

株式市場では「アノマリー」と呼ばれる、根拠がはっきりしないけどよく現れる現象があります。

●1月第1週目は上がる

この時期海外の銀行や生命保険会社などの機関投資家が、前年末に売った株を買い戻すため(?)。1月14日は過去50年間で見て日経平均が37回上昇。上昇率74％という経験則もあります。

●節分に上がり彼岸で下がる

2月上旬まで株高、以降は反動で下がる。3月の年度末に利益確定のために売られ、4月の新年度入りから新規の買いが入るため？

●GW前後は値動きが激しい

ゴールデンウイーク前後は3月期決算企業の多くが決算発表を行い、これを受けた売買が活発化する。あるいは、大型連休中に海外市場が荒れるのを警戒して、連休前にいったん株を売っておく人が多いため？

●夏は閑散

7月、8月は売買が低調で株価も冴えない。国内外とも投資家が夏休みを取るのが原因？

●8月後半は円高、株安

毎年8月15日に米国政府が国債の金利を支払い、日本政府はドルで受け取った利息を円に転換。市場で円の需要が増え円高、これが株価の重石？

●10～11月の株安

海外の投資ファンドの多くは決算期がこの時期。年間の収益を確定するため売りが増えて株価は下がる？

いろんなジンクスがあるんだね

相場で儲けるには記憶と経験だ、という人もいるよ

誰が言ったか知らないが結構当たる「アノマリー」

●日本独自の干支に関するアノマリーもある

干支	アノマリー	
辰《たつ》巳《み》	天井	株価は高値をつける。それ以降は上がりづらい
午《うま》	尻下がり	株価は値下がりする
未《ひつじ》	辛抱	下落・膠着状態の中、我慢を強いられる相場になる
申《さる》酉《とり》	騒ぐ	株価の上下が激しく、値動きが荒くなる
戌《いぬ》	笑い	株価が上がる
亥《い》	固まる	株価は小幅な値動きにとどまり、ほとんど動かない
子《ね》	繁栄	株価が上がる
丑《うし》	つまずき	株価が下がる
寅《とら》	千里を走る	株価は上昇するにしても、下落するにしても、虎が走るように大きく動く
卯《う》	跳ねる	株価が上がる

辰《たつ》 4勝2敗 (+27.9%)
巳《み》 4勝2敗 (+13.4%)
午《うま》 3勝3敗 (−5.0%)
未《ひつじ》 4勝2敗 (+7.8%)
申《さる》 5勝1敗 (+8.7%)
酉《とり》 5勝1敗 (+15.6%)
戌《いぬ》 4勝1敗 (+9.8%)
亥《い》 4勝1敗 (+16.1%)
子《ね》 3勝2敗 (+23.7%)
丑《うし》 3勝2敗 (−0.05%)
寅《とら》 1勝5敗 (+1.8%)
卯《う》 4勝2敗 (+16.3%)
申酉の「騒ぐ」は5勝1敗で株価上昇！
寅は「千里を走る」のに下がりやすい
ほんとに当たってる

※日経平均の前年比の勝ち敗け。カッコ内は平均騰落率

おわりに

日常生活の実感からするとちょっと意外な感じもありますが、日本経済はいま、戦後最長の好景気に挑みつつあります。現在の景気拡大が２０１９年１月まで続くと、２００２年１月から08年２月まで続いた「いざなみ景気」の景気拡大期間73カ月を超えて戦後最長記録を打ち立てることになります。

さらには、２０２０年の東京五輪開催に向けた〝ニッポン再開発〟と呼べるような動きも各地で起こっています。つまり、仮に「いざなみ」を超えたにしても、そこで目下の景気拡大が終わるわけではなく、もしかすると現在は、気宇壮大な超長期の景気拡大局面のなかにあるかもしれない……。これは（景気実感とのギャップという問題があるにせよ）国民全体としてもっと自信を持っていいことなのではないでしょうか。

そうした足元での景気拡大、企業業績の好調、株主への利益還元意欲を強めつつある企業経営者……といった好要因を受け、日本株の市況も四半世紀ぶりで復活の動きを強めています。株式市場の動きを見続ける者として、この、せっかくの大波、チャンスに乗ってほしいとの思いから、この本の執筆に踏み切りました。

株をはじめるならいまが
チャンスってことだね

筆者はこの類の入門書をすでにいくつか書いていますが、新しい本でさらにやさしく説き起こすことで、株式投資の入門者をもっと増やしたいとの強い思いに駆られました。景気や経済の面から強い追い風が吹くだけでなく、株式投資をしやすい環境づくりのため、さまざまなしくみが導入・強化されてきていることも注目されます。たとえば、個人投資家の中長期資産運用を支援するため2014年からはじまった少額投資非課税制度「NISA」には、未成年向け「ジュニアNISA」（2016年スタート）に続き、2018年1月に積立型「つみたてNISA」がデビューしました。公募株式投信に限定、非課税枠40万円、などの制限がありますが、非課税期間は20年と長く、毎月、少しずつコツコツ積み立てていくにはとてもいい制度だと思われます。これで「株式投資をはじめてみようか！」という人が増えることを期待しています。

ストックボイスは株式市況の放送を通じて、そうした個人投資家を応援することをミッションとしています。また、投資家のすそ野が広がることで、新しい〝株式投資文化〟のようなものが定着するようにサポートしていきたいと思っています。最後に、この本は筆者だけでなく、渡部一実さんをはじめとしたストックボイス・制作スタッフの執筆・協力によってできあがりました。心から感謝します。

ストックボイス　岩本秀雄

岩本秀雄（いわもと　ひでお）

株式会社ストックボイス副社長CCO。1951年東京都生まれ。中央大学法学部卒業。1975年証券記者となり、40年以上にわたり、証券、金融、上場企業に関する取材、報道、証券市場ウォッチャーとして市場の動向を見続ける。日本証券新聞取締役編集局長を経て現職。東京証券取引所アローススタジオからインターネットＴＶで株式市況を実況放送する『東京マーケットワイド』のメインキャスター。著書に『世界一やさしい株価チャートの本』（東洋経済新報社）など、株式投資関連の著書多数。

世界一やさしい株入門

2018年４月24日　初版第1刷発行
2019年10月29日　初版第6刷発行

著　者　岩《いわ》本《もと》秀《ひで》雄《お》

発行者　小川淳

発行所　SBクリエイティブ株式会社
〒106-0032 東京都港区六本木2-4-5
電話 03-5549-1201（営業部）

ブックデザイン	小口翔平＋上坊菜々子（tobufune）
イラスト	横井智美
本文デザイン・図版作成	吉村朋子
DTP	アーティザンカンパニー株式会社
印刷・製本	大日本印刷株式会社
編集担当	石塚理恵子
編集協力	渡部一実

本書をお読みになったご意見・ご感想を下記URL、
または左記QRコードよりお寄せください。
https://isbn.sbcr.jp/96010/

落丁本、乱丁本は小社営業部にてお取り替えいたします。定価はカバーに記載されております。本書の内容に関するご質問等は、小社学芸書籍編集部まで必ず書面にてご連絡いただきますようお願いいたします。

ISBN978-4-7973-9601-0